AF318447

RECHERCHES
SUR
L'ÉLECTION DES DÉPUTÉS
AUX
ÉTATS GÉNÉRAUX
RÉUNIS
A TOURS EN 1468 ET EN 1484

PAR

PAUL VIOLLET
ANCIEN ÉLÈVE DE L'ÉCOLE DES CHARTES

PARIS
LIBRAIRIE AUGUSTE DURAND
Rue Cujas (autrefois rue des Grès-Sorbonne, 7)

1866

ÉLECTION DES DÉPUTÉS

AUX

ÉTATS GÉNÉRAUX

RÉUNIS A TOURS

EN 1468 ET EN 1484,

D'APRÈS DES DOCUMENTS INÉDITS

TIRÉS DES ARCHIVES DE TOURS, BAYONNE, SENLIS, LYON ET ORLÉANS.

PAR

PAUL VIOLLET,

Ancien élève de l'École des Chartes.

PARIS,

TYPOGRAPHIE AD. LAINÉ ET J. HAVARD,

RUE DES SAINTS-PÈRES, 19.

1865

(Extrait de la Bibliothèque de l'École des chartes, t. 11, 6ᵉ série.)

RECHERCHES

SUR

L'ÉLECTION DES DÉPUTÉS

AUX

ÉTATS GÉNÉRAUX

RÉUNIS A TOURS EN 1468 ET EN 1484

Les histoires des états généraux publiées jusqu'à ce jour ne nous fournissent que des renseignements très-insuffisants sur l'élection des députés : lacune regrettable que l'excellent travail de M. Boutaric a fait disparaître pour les états convoqués au commencement du xiv° siècle [1].

Les recherches auxquelles nous nous sommes livré nous-même concernent les assemblées de 1468 et de 1484. Ce n'est pas l'histoire de ces célèbres réunions d'états que nous avons entreprise; nous avons voulu seulement donner un aperçu de la manière dont les députés furent choisis par les électeurs :

Les trois ordres se réunirent-ils pour les élections, ou bien les élections du clergé, de la noblesse et du tiers se firent-elles séparément? En quel nombre les électeurs se rassemblèrent-ils pour le vote? Les campagnes envoyèrent-elles des représentants à ces comices?

Telles sont les questions dont nous aurions désiré pouvoir présenter la solution. Questions sociales et qui touchent, si j'ose ainsi parler, à la moelle de l'histoire! Les documents qu'il nous a été possible d'interroger ne suffisent pas, à la vérité, pour éclairer complétement ces divers points historiques; car ils nous laissent ignorer notamment ce que furent les élections de la noblesse en 1468; mais ils répondent à une partie du programme

1. *Les premiers états généraux,* dans *la Bibliothèque de l'École des Chartes, 5° série,* tome I.

que nous venons d'indiquer et nous ont semblé, pour cette raison, dignes d'être mis au jour.

Ces pièces fournissent un certain nombre de notions précises qui, jusqu'à présent, ont fait complétement défaut à ceux de nos historiens dont l'attention, éveillée par quelques passages des textes déjà publiés, s'est portée d'une manière plus particulière sur les élections de 1468 et de 1483. Il est inutile de rappeler que, suivant un mode de procéder qui paraît contemporain des premiers états généraux, que nous rencontrons dans la première moitié du xv⁰ siècle, et qui semble être alors, comme aux trois derniers siècles de la monarchie, la base du système de représentation nationale, chacun des trois ordres élisait séparément ses députés. Certains auteurs ont pensé qu'il fut dérogé à cet usage en 1468, et qu'à cette époque le clergé et la bourgeoisie nommèrent en commun leurs représentants : nos textes prouvent que, dans plusieurs villes, ces deux ordres procédèrent séparément à l'élection en 1468, et qu'au contraire le clergé, la noblesse et le commun peuple se réunirent, dans un grand nombre de bailliages, pour l'élection de 1483.

L'idée première de cette étude nous a été inspirée par les documents précieux que renferment les archives de Tours. L'examen de ces pièces nous fit penser que d'autres archives municipales pourraient être également consultées avec fruit : cette supposition n'était pas sans fondement. M. Dulaurens, archiviste de la ville de Bayonne, M. Gauthier, archiviste du département du Rhône et de la ville de Lyon, M. Rolle, archiviste-adjoint de la ville de Lyon, M. Cultru, secrétaire-archiviste de la ville de Senlis, M. du Muraud, archiviste de la ville d'Orléans, ont répondu à notre appel avec un empressement dont nous ne saurions trop les remercier, et nous ont fourni le plus grand nombre des documents qui sont la base de ce travail. Parmi ces titres figurent en première ligne les lettres de convocation et plusieurs procès-verbaux d'élection. Assurément nous aurions mieux saisi le sens et la portée de ces actes si nous avions pu les comparer à un nombre suffisant de pièces analogues, les unes appartenant à l'époque antérieure, les autres de date plus récente[1] ; nous avons manqué des ressources nécessaires pour nous

---

[1] Nous devons dire ici combien nous regrettons de ne pas nous être adressé plus tôt à M. Ch. de Beaurepaire, qui, au moment où ce travail était déjà sous presse, nous offrait avec la plus grande bonté communication des documents qu'il a recueillis sur les états de Normandie.

livrer à cette étude comparative, qui eût donné à nos jugements une base plus sûre et plus solide; mais les documents que nous publions serviront, du moins, à faire sentir de quelle utilité peuvent être les archives communales pour l'histoire des états généraux.

I. ÉTATS DE 1468. — *Lettres de convocation adressées* à la fois au clergé et aux bourgeois. *Rôle du clergé et de la bourgeoisie dans les élections de Tours, de Lyon et d'Orléans. Élections de Senlis. Doutes en ce qui concerne les élections de la noblesse.*

Lorsque Louis XI convoqua les états de 1468, sa position était pleine de périls. Les puissants ducs de Bretagne et de Bourgogne, indignés de la mauvaise foi du roi, qui, après avoir constitué la Normandie en apanage au duc de Berry, son frère, venait de la lui enlever les armes à la main, étaient prêts à réunir encore leurs forces contre lui; et tout faisait prévoir qu'à l'expiration de la trève finissant au 1ᵉʳ mai 1468, la guerre allait de nouveau éclater, guerre où le roi, et avec lui l'œuvre de reconstitution du royaume laborieusement poursuivie par la race de Hugues Capet, courraient les plus sérieux, les plus graves dangers.

Louis, espérant peut-être intimider ses ennemis, et comprenant d'ailleurs qu'inviter la nation à épouser sa querelle, ce serait doubler ses forces, l'appela tout entière à son conseil.

Les lettres de convocation adressées aux « gens d'église, bourgeois, manans et habitans » des principales villes de France, sont rédigées en ce grand style qui sied si bien à l'héritier d'une suite de rois dont la fortune, heureuse ou malheureuse, est, depuis des siècles, intimement unie à celle de la nation.

Louis était trop habile pour ne pas parler en roi dans une circonstance où ce noble langage servait si bien sa politique.

Voici le texte des lettres closes qui furent expédiées de sa chancellerie : nous le transcrivons d'après une copie contemporaine des lettres elle-mêmes, et conservée dans les archives de la ville de Lyon :

« De par le roy,

« Chiers et bien amez, vous savez les troubles et divisions qui puis aucun temps en ça ont eu cours et encoures ont en nostre royaume, à la grant foulle et charge de nostre pouvre peuple et de nos bons et loyaulx subjectz et à nostre très grant deplaisance, et dont jà en sont advenuz plusieurs grans maulx et inconvéniens; et est à doubter que plus largement en aviengne si briefvement n'y est pourveu. Et pour ce que les matières sont grandes et de grant importance et qu'il est besoing que par bon advis et conseil il y soit pourveu, ce que de tout nostre cuer desirons pour nous acquitter envers Dieu et envers la couronne, l'honneur et les droicts de laquelle, comme savez, sommes tenu à garder ainsi que l'avons juré et promis ; et pour le bien et soulagement de nos bons et loyaulx subjectz, par grant et meure deliberacion du conseil, avons conclud et délibéré d'assembler les seigneurs de nostre sang et les pairs de France et les trois estatz du royaume pour avoir leur bon advis et conseil sur ce. Pourquoy voulons et vous mandons bien expressément que des plus notables gens de la ville de Lyon et que vous cognoissiez amer le bien de nous, de la couronne et du royaume, vous envoyez par devers nous jusques au nombre de quatre personnes, un d'esglise et trois laiz, garnis de pouvoir souffisant pour oïr ce que leur sera dit et remonstré de nostre part touchant les causes dessus dites, y besoigner, vacquer, entendre et conclure comme les autres desdits trois estatz, en la ville de Tours, au premier jour du moys d'Avril prouchain venant, lesquelz jour et lieu avons ordonné pour ladite assemblée. Et eussinns bien voulu le terme de ladite assemblée avoir esté plus loing, afin que mieulx et plus à l'aise ceulx que vous envoyerez à ladite journée puissent estre venuz ; mais pour ce que les trèves en abstinences de guerre qui sont entre nous et aucuns des seigneurs et leurs alliez qui se sont esmeuz et eslevez à l'encontre de nous ne durent que jusqu'au premier jour de May prouchain venant et qu'il est besoing que la conclusion qui devra estre prinse esdits trois estatz soit faicte avant la fin de ladite abstinence de guerre, il n'a esté possible de mectre le terme à plus loing jour. Aussi, nous attendons que, non obstant ladite assemblée, ceulx que avons ordonné et mandé pour nous venir servir, se ainsi estoit que les seigneurs qui se sont esmeuz et eslevez contre nous et leurs alliez ne voulsissent entendre et eulx mectre à raison, se tiennent tousjours prestz et y viennent comme l'avons ordonné, se besoing en avons et que le leur fassons savoir ; car nous avons tousjours esté et sommes contens d'entendre à raison et nous mectre en tout devoir quant lesdits seigneurs vouldront faire le semblable de leur part, et aussi quant ilz ne le vouldront faire, nous sommes délibérez et concluz de garder l'auctorité de la majesté royale, l'honneur et et les droiz de la couronne, ainsi que l'avons juré et promis, et pourveoir au bien et utilité de nostre royaume, par bon advis et conseil, en fasson et manière que, à l'aide de Dieu, noz bons et loyaulx subjectz pourront vivre et demourer soubz nous en bonne paix et tranquillité. Donné au(x) Montilz lès Tours, le xxvie de Fevrier MCCCCLXVII. Ainsi signé : Loys. – Dorchière [1].

« Et desquelles lettres la superscripcion est telle : A nos chiers et bien

---

1. Dans *les Ordonnances des Rois de France*, tome XVII, pp. 7 et 72, je trouve le nom de ce même personnage écrit Dorchère.

amez les gens d'église, bourgeois, manans et habitans de nostre ville et
cité de Lyon [1]. »

Ainsi le roi demandait quatre députés à la ville de Lyon, « un
d'esglise et trois laiz. » Un nombre différent de représentants fut
indiqué à d'autres villes; nous savons notamment que le roi mandait
aux gens d'église et bourgeois de Tours d'envoyer aux états
« ung d'esglise et deux laiz [2]. »

Les lettres étaient adressées *à la fois aux gens d'église et aux
bourgeois;* le procès-verbal de l'élection des députés tourangeaux,
dans lequel on n'a pas, comme à Lyon, intercalé une copie complète des lettres royales, fait mention de cette même «superscripcion.»
Il est probable que cette formule fut uniformément adoptée pour
toutes les expéditions de la circulaire royale.

On interpréta différemment, suivant les lieux, la volonté du roi,
qui paraissait plutôt indiquée qu'exprimée. S'adresser à la fois aux
ecclésiastiques et aux bourgeois, c'était peut-être provoquer une
élection en commun, partout où ce mode de procéder serait accep-
table, et chercher par là à diminuer le rôle et l'importance des
députés du clergé [3].

A Tours, les choses se passèrent suivant l'esprit des lettres de
convocation : l'harmonie régnait alors entre les membres du clergé et
de la bourgeoisie, habitués à une vie municipale commune, et ils ne
paraissent avoir éprouvé aucune répugnance à se réunir pour l'élection.

La constitution communale de la ville de Tours était très-large,
j'oserais dire, en me servant d'une expression moderne, très-libérale
et presque démocratique. Toutes les fois qu'une affaire importante
devait être résolue, on convoquait une assemblée générale. Tous les
habitants avaient droit de prendre part à cette réunion ; en fait, les
notables seuls se présentaient pour l'ordinaire.

On convoqua pour les élections de 1468 une assemblée générale à
laquelle assistèrent environ soixante bourgeois. Ajoutez à ces
soixante bourgeois les représentants de l'archevêque, du chapitre de
l'église cathédrale, du chapitre de Saint-Martin, de l'abbé et du

1. Actes consulaires de la ville de Lyon, BB. 45.

2. Registre de délibérations de la commune de Tours, 5 mars 1467.

3. Remarquons-le cependant, cette formule qui ne paraît pas avoir été fréquemment
employée, n'était pas nouvelle. Le carton des états généraux aux archives de Tours ren-
ferme parmi beaucoup de convocations adressées *aux bourgeois* une lettre envoyée par
Charles VII *aux gens d'église et bourgeois,* qui sont invités à nommer *quatre représentants, deux d'église et deux laiz.* (Il s'agissait alors non pas d'une réunion d'états
généraux, mais d'un conseil convoqué à Tours en 1422.)

couvent de Saint-Julien, et vous aurez la composition de l'assemblée qui nomma les députés du clergé et de la bourgeoisie de Tours aux états de 1468.

Si l'on n'avait sous les yeux le procès-verbal lui-même, on aurait peine à admettre que les choses aient pu se passer de cette manière. Les bourgeois, en effet, prennent part avec les quatre députés du clergé à l'élection de « l'omme d'église. » Quelle influence ces quatre voix auraient-elles pu avoir si, en raison d'une division survenue entre les bourgeois et les ecclésiastiques, ou pour tout autre motif, on avait ouvert un scrutin analogue à celui de nos élections modernes?

Mais on ne s'est pas réuni en prévision d'une élection de cette nature; c'est d'un commun accord, après s'être concerté quelque temps, que l'on désigne les députés; le vote n'est pas exprimé par bulletins, et le résultat de l'élection est proclamé sans qu'il soit procédé à aucun dépouillement de scrutin.

Les députés sont : « M° Martin Chabot, maistre escolle et cha-« noine de Saint-Martin pour l'omme de l'église, et Jehan Ruzé et « M° François Bernard pour les deux laiz [1].

Dans d'autres villes, les ecclésiastiques procédèrent séparément à la nomination de leurs députés. Il en fut ainsi à Orléans; mais les représentants du clergé et de la bourgeoisie de cette ville furent indemnisés des dépenses du voyage sur une même bourse, celle de la ville. Le receveur des deniers communs d'Orléans paraît même les réunir sous la dénomination de « commis et depputez de par la ville [2]. »

A Senlis, nous trouvons, comme à Tours, le suffrage direct : les habitants, convoqués « au son de la cloche et cri public, » se présentèrent au nombre de cent dix pour choisir les deux députés du tiers.

Ils désignèrent « pour aller à Tours, au mandement du roy, deux « personnes idoines et suffisantes, honorables hommes et sages, « M° Hugues Boileaux, licencié en lois, lieutenant général de M. le

---

1. Registre des délibérations de la commune de Tours, 6 mars 1467.

Ce Martin Chabot légua en mourant à l'église Saint-Martin le manuscrit de Thomas d'Hibernie que possède aujourd'hui la bibliothèque de Tours. Nous connaissons ce fait par la note suivante qui se trouve au bas de la dernière page du manuscrit : « Hunc librum legavit ecclesie beatissimi Martini Turonensis venerabilis pater magister Martinus Chabot, divine legis professor, prefate ecclesie canonicus et scolarius. »

En 1706, ce manuscrit était devenu la propriété de l'église Saint-Gatien. (Bib. S. Metrop. Eccles. Turon. Cæsaroduni Turo. apud Jac. Poinsot, An. MDCCVI, pp. 88 et 89.) Voir aussi sur M. Chabot une note du manuscrit de *Gaufridus de jure canonico*.

2. Compte de forteresse de 1467 à 1469.

« bailli de Senlis, et Adam Barthélemy, procureur du roi audit
« bailliage [1]. »

Je ne rencontre dans les procès-verbaux d'élection de la ville de
Senlis aucune trace d'une réunion des deux ordres du clergé et du tiers.

Les élections à Lyon sont empreintes d'un certain caractère aris-
tocratique dont l'organisation du consulat de cette ville peut nous
aider à pénétrer le secret [2].

Une réunion préparatoire a lieu le 13 mars 1467 : neuf conseillers de ville, le lieutenant du bailli, Jehan Grant, Pierre Balarin,
juge, deux docteurs en lois, vingt et un notables dénommés au
procès-verbal, et plusieurs autres notables et maistres des métiers
assistent à cette assemblée ; les conseillers de ville y donnent con-
naissance des lettres du roi, invitent les notables à se consulter sur
les meilleurs choix à faire, et enfin arrêtent qu'une seconde réunion
aura lieu le lendemain à l'hôtel de ville, « avec un certain nombre
desdits notables et autres qui sur ce seront mandez. » Il est dit que
« ung chacun desdits assemblez » baillera « par escript ou nommera
« de bouche au procureur de ladite ville les personnages qui » lui
sembleront « estre propices et convenables pour envoyer esdits troys
estaz. »

Vingt-trois personnes seulement, y compris neuf conseillers,
se présentèrent à cette seconde réunion. Elle n'eut aucun résultat :
en cette circonstance, les conseillers ne paraissent avoir convoqué les
notables que pour avoir leur avis : ceux-ci se retirèrent après avoir
baillé « es mains du procureur de ville leurs cédules et brevets
d'élection »; après quoi les conseillers ne purent s'entendre eux-
mêmes sur les choix à faire et s'ajournèrent au lendemain pour
« conclure. »

---

1. Registre 1er des délibérations de la commune de Senlis. 13 mars 1467.

2. L'extrait suivant donne une idée très-nette de l'organisation communale de la ville
de Lyon. Nous le devons à l'obligeance de M. Rolle. C'est un passage de la « sentence donnée
« par les commissaires députés par le Roy, au profit et honneur de MM. les conseillers et
« consulat de la ville de Lyon, contre les artisans. (8 juillet 1521.) ... Or, de tout temps, il
« y a eu audit Lyon douze conseillers et deux terriers, les quelz sont deux personnages vivant
« de leurs revenus et *terres*, pour assister, avec lesdits conseillers, qui n'ont que 20 livres
« la seconde année de leur service, et l'on a accoustumé (chaque année) faire eslection de
« six desdits conseillers et desdits deux terriers. Les 12 conseillers eslisent les maistres des
« mestiers, les quelz maistres, avec les deux aultres (c'est-à-dire avec les *terriers*) eslisent
« lesdits conseillers. » (Archives de Lyon AA, 151, supplément.) Nous devons ajouter ici que,
dans l'opinion de M. Rolle, il n'y aurait aucune conséquence à tirer de l'absence des notables
d'une réunion municipale. Ce serait là un fait assez fréquent qui n'accuserait aucune ten-
dance à l'envahissement des pouvoirs communaux par les conseillers. Cette opinion de
M. Rolle, sans nous faire abandonner le point de vue auquel nous nous sommes placé
pour apprécier les élections de Lyon en 1468 et en 1484, ne nous laisse pas sans une certaine inquiétude à cet égard. Nous devions en prévenir le lecteur.

Cette fois les notables n'assistent plus à la réunion : les seuls conseillers de ville sont présents. Nous remarquons, en outre, qu'aucun mandataire de l'Église ne s'est rendu à cette assemblée. Pour expliquer ce fait, il suffit de rappeler qu'à Lyon l'autorité épiscopale et la bourgeoisie, longtemps hostiles, ne s'étaient pas réunies, comme à Tours, en un seul corps municipal chargé d'administrer la cité. Une fusion des deux ordres à l'occasion des élections était chose impossible. Les conseillers de ville, sans s'arrêter à cette difficulté, s'avisèrent de nommer eux-mêmes le député du clergé ; bien plus, ils ne choisirent pas un ecclésiastique pour représenter l'Église, mais un officier du roi. Les trois députés désignés par le consulat furent :

« Pour l'estat du clergé, messire Jehan Grant, docteur en loys » (lieutenant du bailli de Mâcon [1]) ; « pour l'estat des bourgoys, « noble Jehan de Villenove, et pour l'estat des marchans, Michelet « du Lart, citoyens de ladite ville [2]. »

Il y a, croyons-nous, peu d'exemples d'un pareil abus de langage. Les mandants sont neuf conseillers de ville, neuf laïques : le mandataire est lui-même un autre laïque, et on l'intitule député *pour l'estat du clergé*. Un pareil représentant ne pouvait pas suffire aux églises de Lyon ; aussi voyons-nous le clergé de cette ville envoyer, de son côté, aux états le doyen du chapitre de l'Église de Lyon [3]. Ce qui porta à quatre le nombre des représentants nommés par la commune et le clergé de Lyon.

Ainsi, exclusion complète des notables qui ne figurent pas dans la réunion où le choix des députés fut arrêté, et nomination par les conseillers de ville d'un officier royal [4] pour représenter l'Église aux états généraux, tels sont les traits les plus saillants de l'élection dans la ville de Lyon.

Que fit de son côté la noblesse ? Reçut-elle une convocation spéciale du roi ? Combien de représentants envoya-t-elle aux états ?

La nomination de noble Jehan de Villenove ne répond pas à ces questions, car il est très-remarquable que ce Jehan de Villenove est envoyé pour l'*estat des bourgoys*.

---

1. Jehan Grant ou Grand avait été conseiller de ville pendant les années 1452, 53, 56, 58, 60 et 61. Nous devons ce renseignement à l'obligeance de M. Rolle, archiviste-adjoint de la ville de Lyon.

2. Actes consulaires de la ville de Lyon. B. B. 15, lundi, 14 mars 1467.

3. Ibid. 29 avril 1468.

4. A la vérité, à cause de son grade de docteur, peut-être Jehan Grant pouvait-il être considéré comme clerc.

Ce qui est certain, c'est que les représentants de la noblesse ne procèdent point des élections dont nous venons de rendre compte. Les lettres de convocation qu'on a lues plus haut sont adressées aux « gens d'église, bourgeois, manans et habitans » des villes, mais non pas aux nobles. Cependant, dans le corps de la lettre, le roi annonce son intention de convoquer, avec les seigneurs du sang et les pairs de France, les « trois estats du royaume, » et, par conséquent, les nobles, ainsi que les ecclésiastiques et les bourgeois.

Sans doute, comme l'a dit Rœderer [1], les laïques envoyés par les villes pouvaient être nobles ou bourgeois ; mais cette distinction n'a pas grande importance, car ces laïques nobles ne représentent pas la noblesse.

Celle-ci eut-elle des comices électoraux, ou bien, comme le veut Rœderer, le roi fit-il dans son sein les choix qui lui plaisaient ?

Les documents dont nous nous servons sont muets sur tous ces points, et ne nous permettraient de rien ajouter aux conjectures que tout le monde peut faire à l'aide des descriptions souvent citées de Leprévost, greffier des états [2].

II. ÉTATS DE 1484. — *Discours de Philippe de Poitiers. Lettres de convocation. Idée générale des élections en Touraine, en Picardie, dans le Cotentin, à Rouen, en Bourgogne, à Lyon. Dans un grand nombre de bailliages, les trois ordres se réunissent pour nommer les députés.*

Louis XI mourut au Plessis-lès-Tours, dans la soirée du samedi 30 août 1483.

Un enfant, entré depuis deux mois dans sa quatorzième année, recueillait l'héritage de ce pouvoir redouté, mais détesté, dont la main vigoureuse du vieux roi avait su faire respecter jusqu'à la fin la dure énergie.

En ce moment où la France rentrait, pour ainsi dire, en possession d'elle-même, les conseillers de la couronne semblent avoir com-

---

1. *Louis XII et François I*ᵉʳ, t. I, ch. 13 et 14.

2. *Les États généraux et autres Assemblées nationales* (Collection recueillie par Mayer), dix-huit vol. in-8°, t. IX. Ordre observé en l'assemblée des états généraux de France à Tours... L'an 1467, par Jean le Prevost, secrétaire du roi et greffier desdits états.

pris que la réaction serait moins redoutable dès qu'elle serait légale, et qu'après tout, le plus ferme soutien du trône, même au lendemain de la mort de Louis XI, c'était la nation : ils convoquèrent les états généraux.

Cette assemblée d'états, qui fut appelée à pourvoir à l'organisation du gouvernement du royaume pendant la minorité du jeune prince, est demeurée, à juste titre, l'une des plus célèbres de nos annales. Grâce au journal de Jehan Masselin, député du bailliage de Rouen, c'est aussi celle dont nous connaissons le mieux l'histoire.

Nous n'avons pas ici à ... alyser le compte rendu de Masselin, si riche en renseignements de toute nature : nous lui emprunterons seulement un texte relatif aux élections. Ce passage auquel nous croyons devoir nous reporter tout d'abord, parce que c'est le seul document dont on se soit servi jusqu'à présent pour traiter des élections aux états généraux de 1484, fait partie d'un discours prononcé par Philippe de Poitiers, député du bailliage de Troyes. Voici à quelle occasion Philippe de Poitiers prit la parole :

Dans l'une des dernières séances de ces états, il s'éleva une discussion intéressante sur la question de l'indemnité due aux députés pour les frais du voyage de Touraine et d'un séjour prolongé dans la capitale de cette province.

Un député du tiers état, avocat de Troyes, soutint que chacun des trois ordres devait subvenir à la dépense de ses représentants ; qu'il ne fallait pas, en imposant le tiers état seul, contraindre les plus pauvres à faire aumône aux plus riches ; qu'enfin la noblesse et le clergé ne devaient pas traiter leurs intérêts particuliers aux frais du troisième ordre [1].

C'était demander une dérogation formelle au principe en vertu duquel le commun peuple devait seul supporter les impositions. Le conseil du roi partageait, il est vrai, l'opinion de ce député [2] ; mais il dut céder devant la résistance de la noblesse, dont un des repré-

---

1. *Journal de Masselin*, dans les Documents inédits, p. 497.

C'est par erreur que, dans un rapport de M. Amédée Thierry à l'académie des sciences morales, cet avocat champenois a été confondu avec Jean de Saint-Delis (*Mémoires de l'Académie des sciences morales et politiques*, t. V, 1847. pp. 838 et 839). Jean de Saint Delis était député d'Amiens et non pas de Troyes. M. Rathery en fait, lui aussi, un avocat de Troyes (p. 369). L'avocat qu'on a pris, par suite d'une erreur dont je ne me rends pas compte, pour Jean de Saint-Delis est « Jehan Hanequin l'aisné » ou « maistre Guillaume Huyart (Masselin, *App.* p. 724). »

2. *Masselin*, p. 509.

sentants, Philippe de Poitiers (du bailliage de Troyes, comme son adversaire), se montra l'éloquent et véhément interprète. « Il semble, s'écria cet orateur, à en juger par le discours que vous venez d'entendre, qu'ici les ecclésiastiques ne se soient occupés que d'affaires d'église, les nobles des affaires de la guerre, et mes adversaires seuls des affaires de la nation sans le concours d'autrui... Peut-être croient-ils avoir gagné cette indemnité, s'imaginant être parmi nous les seuls et uniques représentants du tiers état, c'est-à-dire du peuple. Mais qu'ils regardent, je les en prie, qu'ils regardent et lisent d'un bout à l'autre le contenu de leur procuration : il leur prouvera que les ecclésiastiques et les nobles ne sont pas moins qu'eux les mandataires du peuple. Il faut qu'ils en soient convaincus et qu'ils en conviennent malgré eux; car tous les députés sont censés tenir leurs pouvoirs de tous les électeurs réunis des trois états, et chacun n'est pas reputé tenir les siens seulement de l'ordre auquel il appartient [1].

« Les lettres du roi n'imposent qu'une obligation, celle d'élire un député de chacun des trois ordres [2].

Ainsi, d'après Philippe de Poitiers, chacun des députés représente non-seulement l'ordre auquel il appartient par sa naissance, mais même les deux autres ordres ; l'orateur ne craint pas de citer à l'appui de son assertion le texte des procurations dont chacun de ses collègues est porteur.

Je ne m'occuperai pas ici de la question de savoir si le fait avancé par Philippe de Poitiers justifiait pleinement ses prétentions, mais bien de ce fait lui-même; et je me demanderai quelle valeur il convient d'attribuer aux paroles que nous venons de citer, et s'il faut y voir seulement un argument imaginé pour le besoin de la cause.

La meilleure manière de résoudre la question est de se reporter

1. Nous nous sommes servi pour cette citation de la traduction de M. A. Bernier. Nous n'avons modifié cette traduction qu'en ce qui concerne la phrase qu'on vient de lire. Le texte de Masselin porte : *Non singuli tantum a suis censentur habere potestatem*, M. Bernier traduit : *Et chacun n'est pas réputé tenir ses pouvoirs seulement de l'ordre qui l'a nommé.* Le latin ne s'explique pas, comme l'a fait le traducteur, sur le fait de la nomination : il ne dit pas que chaque ordre nomme séparément ses députés. On verra plus loin l'intérêt de cette remarque.

2. *Journal de Masselin*, p. 501. Il est inutile de faire ressortir l'originalité de cet argument. Chaque député reçoit son mandat des trois ordres de la nation, dit l'orateur; et il en tire cette conséquence, tout à fait contraire à celle qui nous vient naturellement à l'esprit, que le tiers état seul doit payer. Il part de ce principe que les dépenses qui intéressent les trois ordres, l'ensemble de la nation, doivent être supportées par le commun peuple.

au texte des lettres de convocation et aux autres renseignements inédits qui nous restent.

Lorsque le jeune roi Charles VIII, ou plutôt son conseil, se décida à réunir les trois états du royaume, des lettres patentes, dont les archives de Bayonne nous ont conservé la copie, furent adressées aux baillis et aux sénéchaux du roi. Voici la teneur de ces lettres :

« Charles, par la grâce de Dieu roy de France, au senneschal des Lannes ou à son lieutenant, salut. Pour ce que depuis le trespas de feu nostre très cher seigneur et père, que Dieu absoille, et que sommes parvenuz à la couronne, nous avons retiré et fait venir devers nous les seigneurs de nostre sang et autres grans et notables personnaiges de nostre royaume pour leur communiquer les affaires d'icelluy, affin de pourveoir aux choses où il est expédient et nécessaire de donner prevision pour le bien de nostre royaume, et qu'il nous a semblé (et) ausdits seigneurs de nostre sang et autres estans devers nous que, pour pourveoir plus seurement aux faiz et afaires de nostredit royaume, il estoit et est bien convenable de assembler les trois estatz d'icelluy : nous, pour ces causes, escripvons présentement aux gens d'église, nobles, bourgeois et habitans de nostredite senneschaucye que, en toute diligence, ilz se assemblent pour eslire troys personnaiges notables ; c'est assaveoir ung d'église, ung noble et ung de l'estat commun, et les envoyent devers nous en la ville d'Orléans au premier jour de Janvier prouchain venant, ainsi qu'il est plus à plain contenu en nos lettres missives que vous envoyons. Et affin qu'ils accomplissent le contenu en icelles, nous voulons et vous mandons que incontinant vous mandez et faictes venir lesdits gens d'église, nobles, bourgeois et habitans de nostredite senneschaucye et leur présentez de par nous nosdites lettres, affin qu'ilz pourvoient le contenu en icelles et qu'ilz envoient lesditz troys personnaiges, et non plus, bien instruiz et advertiz des remontrances et autres choses que vous et eulx verrez estre nécessaires pour le bien de nous et de nostredit royaume et desditz pays, avec pouvoir souffisant par escript pour conclure consentir, et accorder tout ce que sera fait, ordonné et conclud à ladite assemblée ; de ce faire vous donnons plain povoir, auctorité, commission et mandement espécial. Donné à Bloys, le xxiiie jour d'octobre, l'an de grace mil iiiic quatre vings et troys, et de nostre règne le premier.

« Par le Roy nostre sire, monseigneur le duc de Borbon, conestable de France, les comtes de Clarmont, de Dunois, de Nerle [1] et de Comeinge, les évesques d'Alby, de Périgueux, de Constances et autres présens.

« A. Brinon. »

(Postérieurement on indiqua la ville de Tours au lieu de celle d'Orléans.)

---

1. *Sic.* Peut-être erreur de copiste pour de Marle. Voy. l'*Histoire généalogique du père Anselme*, t. VI, p. 382. (Henry de Marle.)

Les lettres du roi adressées directement aux électeurs et annoncées dans celles que nous venons de transcrire sont datées également du 24 octobre 1483[1]. Elles sont ainsi conçues :

« De par le roy,

« Nos amez et feaulx et chiers et bien amez, puis le trespas de feu nostre très chier seigneur et pere, que Dieu absoille, et que sommes parvenuz à la couronne, nous avons retiré et fait venir devers nous les seigneurs de nostre sang et lignage et autres grans et notables personnes de nostre royaume pour leur communiquer les affaires d'icellui affin de pourveoir aux choses où il est expédient et nécessaire de donner provision pour le bien de nostredit royaume. Et pour ce qu'il nous a semblé et ausdits seigneurs de nostre sang et autres estans devers nous que, pour pourveoir plus seurement aux faiz et affaires de nostredit royaume, il estoit bien convenable de assembler les troys estats d'icellui, nous, pour ces causes, voulons et vous mandons que, en toute diligence, vous vous assemblez et eslissez trois personnaiges notables de nostre senneschaussée des Lannes et non plus ; c'est assavoir ung d'église, ung noble et ung de l'estat commun, et les envoyes devers nous en la ville d'Orleans au premier[2] jour de Janvier prochenement venent, bien instruiz et advertiz des remonstrances et autres choses que verrez estre nécessaires pour le bien de nous, de nostredit royaume et de ladite senneschaucée, avec povoir souffisant pour conclure, consentir et accordër tout ce que sera fait, ordonné et conclud à ladite assemblée. Et gardez qu'il n'y ait faulte. Donné à Bloys, le xxiiir[e] jour d'Octobre. Ainsi signé : CHARLES. — A. BRINON[3]. »

Ce texte vient déjà confirmer la doctrine de Philippe de Poitiers ; car, le roi s'adressant à tous les électeurs réunis (la chose est évidente, bien que nous n'ayons plus le texte de la suscription) leur mande de s'assembler et d'élire « troys personnaiges

1. Cette date a déjà été indiquée par M. Henri de L'Épinois, dans ses *Notes extraites des Archives de Compiègne*. Elle avait été visée par le greffier de cette commune, dans les registres des délibérations. (*Bibliothèque de l'École des chartes*, tome V, 5e série, p. 136.)

2. Un second avis, dont nous ne connaissons pas la teneur, modifia cette indication du 1er janvier ; car, d'après Masselin, Charles VIII «trium statuum conventionem *ad nonas Januarii* Turonis indixit celebrari anno Domini 1484 » (p. 2).

3. Archives de Bayonne, BB. 4, p. 301, p. 303.

notables » de la sénéchaussée, « c'est assavoir ung d'église, ung
« noble et ung de l'estat commun. »

Si nous interrogeons maintenant le procès-verbal de l'élection
en Touraine et les renseignements que nous fournissent plusieurs
archives communales, nous acquerrons bientôt la conviction
que, dans beaucoup de bailliages, chacun des députés représen-
tait vraiment les trois ordres, et que ce mandat commun, dont
parle l'orateur champenois, n'avait rien de fictif, mais était la
conséquence rigoureuse de l'élection.

Nous voyons à Tours les électeurs nommer en commun les députés des trois ordres.

Les principaux couvents et les principales églises, non pas de
la Touraine, mais de la ville de Tours délèguent leurs représentants, qui se réunissent au chef-lieu du bailliage avec ceux des
villes de Chinon, de Loches et d'Amboise, et deux ou trois seigneurs qui, seuls de toute la noblesse du pays, se sont rendus à
cette assemblée.

Une conversation plutôt qu'une discussion s'engage entre ces
électeurs; chacun donne son avis et fait connaître à ses collègues
les noms de ceux qu'il voudrait voir désigner pour représenter
le bailliage à l'assemblée des états. Après ces communications
réciproques, on arrive à une entente à peu près générale; et
alors, sans que le nombre de voix obtenu par chacun des noms
proposés soit même compté, on convient que M. l'abbé de Marmoutier, le seigneur de Maillé et Jehan Briçonnet Patron « iront
aux troys estats. »

C'est de cette manière que les députés eux-mêmes, au témoignage de Masselin, procédèrent à la nomination de l'abbé de Saint-
Denis, comme président de l'assemblée des trois états : « Post
« diversas sententias, dit l'annaliste, finaliter consensere omnes
« dominum abbatem Sancti Dionisii... præsidentem fieri [1]. »

Telle me paraît avoir été la physionomie de l'élection en Touraine pour les états généraux de 1484, d'après le plumitif abrégé
et même mutilé qui nous est resté. (Je n'ai pas parlé dans ce résumé rapide d'une première élection qui fut considérée comme
nulle, et dont je m'occuperai dans le chapitre suivant.)

Le journal de Jean de Saint-Dolis, publié par notre savant
maître, M. Bourquelot, dans les *Mémoires de la Société royale des*

____

1. Masselin, p. 72.

antiquaires de France, nous fournit, en ᴄᴇ qui concerne les formes de l'élection à Amiens, un autre témoignage aussi précis que concluant.

Le compte rendu de Jean de Saint-Delis à ses commettants débute ainsi[1]:

« Maistre Jehan de Sainct-Delis, licencié es loix et bachelier en décret, avocat et conseiller au siége du bailliage d'Amiens, a le jour d'hui fait rapport à Messieurs, ou dict eschevinaige, du voyage par lui naguères faict devers le roy en sa ville de Tours, avec Monsieur le doyen de l'église Nostre-Dame d'Amiens, Monsieur Arthur Longueval, chevalier, seigneur de Thenailles, bailli d'Amiens, *esleux ensemble par les trois estats du bailliage d'Amiens*, à aller devers icellui seigneur à l'assemblée des estats du royaulme de Franche, qui a esté tenue audict lieu de Tours, est assavoir, ledict Monsieur le doyen, esleu pour ceulx de l'église, ledict Monsieur le bailli pour les nobles, et ledict maistre Jehan pour ceulx du tiers estat du dict bailliage. »

Enfin, on trouve dans le compte de Robert de Bailly, receveur de la ville d'Amiens, la mention d'une somme de 256 livres tournois, payée à M° Jean de Saint-Delis, et qui lui était due « à cause « de certain voyage par lui naguères fait devers le roy nostre « sire en la ville de Tours, *là où il avoit esté commis et député* « *par ceulx des trois estats du bailliage d'Amiens, à l'assemblée* « *faite au dict lieu de Tours* par les trois estats du royaume de « France[2]. »

Ces deux citations nous dispensent de tout commentaire.

Les assertions de Philippe de Poitiers sont, il est vrai, tout à fait générales, et le texte des lettres du roi vient singulièrement ajouter à la valeur de ce témoignage. Cependant il n'en résulte pas, croyons-nous, que, dans tous les bailliages sans exception, les électeurs des trois ordres se soient réunis pour la nomination des députés. On sait, en effet, combien au moyen âge les usages varient suivant les pays.

Nous sommes même porté à supposer, d'après une lettre du roi, conservée dans le fonds Salmon, à la bibliothèque de Tours,

1. *Mémoires de la Société des antiquaires de France*, tome XVI, p. 496.
2. *Ibid.*, p. 508.

que ce système électoral ne fut pas suivi dans le bailliage du Cotentin. Cette lettre, du 8 mars 1481, taxe à 390 livres tournois l'indemnité due à « M° Jehan Pellevey, docteur en chacun droit, « vicaire de Coustances, eslen et envoyé » par les gens d'église de ce bailliage.

A Rouen, les gens d'église se réunirent à l'hôtel de ville pour choisir leur représentant : il est donc naturel de supposer que le tiers état et le clergé nommèrent en commun leurs députés ; nous ne voudrions pas toutefois l'affirmer. Ce que nous savons sur les élections de la ville de Rouen nous est fourni par une très-intéressante notice sur Masselin, publiée par M. Charles de Beaurepaire, dans les Mémoires de la Société des antiquaires de Normandie.

L'auteur ne donne aucun détail sur les formes de l'élection, dont il n'avait pas à s'occuper dans un article biographique; il nous apprend seulement que les chanoines de l'église métropolitaine n'acceptèrent pas sans quelque difficulté la proposition qui leur était faite de se réunir à l'hôtel de ville pour l'élection d'un député du clergé [1].

Enfin, nous possédons, en ce qui concerne la Bourgogne, une pièce curieuse que je me reprocherais de passer sous silence :

Charles VIII écrivait, le 13 novembre 1483, aux électeurs de Bourgogne pour leur recommander « tant affectueusement que « faire pouvons, » dit la lettre, la nomination de l'abbé de Cîteaux et du seigneur de la Roche (Philippe Pot, grand sénéchal de Bourgogne) « lesquelz, » je citerai encore ici textuellement, « nous « sont fort agréables pour la grande discrétion, sens et conduicte « qui sont en leurs personnes. »

A qui le roi adressait-il cette lettre, concernant l'élection d'un abbé et d'un gentilhomme?

« A ses amez et féaulx les gens des trois estats de son duché « de Bourgogne [2]. »

Ainsi, Charles VIII, ou plutôt le conseil qui lui dictait cette lettre, fidèle à la pensée de l'ordonnance de convocation, entendait que la bourgeoisie, que le commun peuple, participât à l'é-

---

1. « Quamvis dictum fuerit ibidem quod ille qui pro statu ecclesiastico mittendus « erat eo in loco eligi non deberet, » portent les registres capitulaires. Voy. *Mémoires de la Société des Antiquaires de Normandie*, 19 vol. de la collection, 1852, p. 275, note 1.

2. Appendice au *Journal de Masselin*, pp. 739 et 741, note 1.

lection de deux candidats appartenant l'un à l'ordre du clergé, l'autre à celui de la noblesse.

Il est donc très-vraisemblable (le fait m'a paru assez intéressant pour être signalé) que ce célèbre Philippe Pot, grand sénéchal de Bourgogne, qui joua, aux états généraux de 1484, un rôle si important et dont le nom ne manque jamais d'être prononcé à propos de ces états, fut élu député par les représentants réunis des trois ordres. Il faut en dire autant de cet abbé de Cîteaux, que Masselin qualifie de fameux théologien, *insignis theologus* [1]. Tous deux furent recommandés par le roi à titre de candidats « agréables. »

Nous ne possédons pas le procès-verbal des élections pour le bailliage de Lyon ; mais nous savons par les délibérations du consulat de cette ville que, le 30 novembre 1483, les conseillers et quelques notables comparurent à l'assemblée des « troys estatz des bailliage et séneschaussée de Lion, » et que, dans cette assemblée, on fit choix de Jean Palmier pour représenter la ville de Lyon aux états généraux [2].

Il est donc certain que le clergé, la noblesse et le tiers état du bailliage se réunirent pour l'élection, et tout nous autorise à penser que le mandat de chaque député lui fut donné par les électeurs des trois ordres.

Enfin, il paraît résulter de lettres adressées par le comte de Cominges et par le lieutenant du sénéchal des Lannes au maire et aux eschevins de Bayonne, que les trois ordres de la sénéchaussée des Lannes s'assemblèrent à Dax. Une copie de ces pièces, contemporaine des originaux, est conservée dans les Archives de Bayonne [3].

Au résumé, sur des points du territoire très-éloignés les uns des autres, en Touraine, en Bourgogne, en Picardie, dans les villes de Lyon et de Troyes [4], dans la sénéchaussée des Lannes, nous avons pu constater le fait de l'élection en commun.

---

1. *Journal de Masselin*, p. 10. Cet abbé est Jean de Cirey. Il administra l'abbaye de Cîteaux, de 1476 à 1503. (*Gallia Christiana*, t. IV, col. 1005 et 1006.)

2. Actes consulaires de la ville de Lyon, vol. BB. 17. Le nom de Jehan Palmier a été défiguré par l'éditeur de Masselin qui l'appelle Jehan Patimier (p. 23). Une autre liste donne Parmier. (Appendice à Masselin, p. 735.)

3. Archives de Bayonne, BB. 4, p. 300.

4. Je cite ici la ville de Troyes ; car, on se le rappelle, Philippe de Poitiers, qui invoqua, à l'appui d'une thèse très-peu favorable au tiers état, le fait de la nomination

Pour compléter ce tableau, il faudrait interroger toutes les archives communales de France, dont un certain nombre pourrait fournir de précieux renseignements et dont quelques-unes conservent peut-être (comme celles de Tours) les procès-verbaux même de l'élection. Il faudrait aussi consulter les procurations des députés, et les trésors de tout genre accumulés au palais Soubise, investigations auxquelles nous regrettons vivement de n'avoir pas eu le loisir de nous livrer, mais dont le résultat viendrait, croyons-nous, récompenser le labeur de celui qui pourrait les entreprendre.

IV. SUITE DES ÉTATS DE 1484. — *Détails sur les élections de Lyon et de Senlis. Délégués inférieurs envoyés avec les députés en titre.*

Après cet exposé général, il convient, ce me semble, d'entrer dans ces détails que l'histoire, en pareille matière, ne doit pas toujours négliger, et que nous avons été heureux de pouvoir recueillir.

Le 28 novembre 1483, les conseillers de la ville de Lyon réunissaient les principaux « citoyens » (le mot est du temps) pour leur annoncer la convocation des états et les inviter à s'occuper de la rédaction des doléances; ils présentaient néanmoins « aucuns advis, desja couchés par escript », et en donnaient lecture aux notables. Ceux-ci déclarèrent que les « advis » rédigés à l'avance par les conseillers « estoient bons, utiles et proufitables pour lesdits ville et pays », et ajoutèrent qu'ils « s'adviseroient » des « autres choses » qu'il pourrait être bon d'insérer dans cette « somme des advis », « puis le diroient au procureur général de la ville pour le tout mectre par escript. »

L'élection des députés du tiers eut lieu le 30 novembre 1483, dans l'église cathédrale et primatiale de Saint-Jean. Nous savons seulement que les conseillers de ville et quelques notables assis-

par les trois ordres réunis, était député du bailliage de Troyes. J'ajoute que, d'après Lalouré et Duval, qui s'expriment en termes généraux et ne distinguent pas les temps, l'élection des députés par les trois ordres réunis aurait été d'usage en Languedoc. (Forme générale et particulière de la convocation et de la tenue des assemblées nationales ou états généraux de France, justifiée par pièces authentiques.)

Je n'ai pu consulter par moi-même les recueils de Mayer, de Lalouré et Duval, ni les travaux de Rœderer et de Thibaudeau. Je dois des extraits de ces divers ouvrages à mes obligeants confrères MM. de St-Mauris et Paul Meyer et à MM. Alphonse Nourisson et A. Brachet.

tèrsnt à cette réunion. Mais nous possédons plus de détails sur la nomination de deux délégués que les Lyonnais adjoignirent à leur député Jean Palmier, pour faciliter sa tâche et l'aider, au besoin, de leur expérience.

Ce choix donna lieu à certaines difficultés, malgré les précautions qui paraissent avoir été prises par le consulat, pour s'assurer la présence de notables suffisamment dociles.

Le 7 décembre 1483, les conseillers désignèrent un de ces délégués, Antoine Dupont [1], procureur général de la ville, et décidèrent qu'ils s'occuperaient ultérieurement de l'élection d'un second délégué, élection qui serait communiquée à quatre notables de la rive gauche de la Saône, et à quatre habitants de la rive droite. En même temps, ils désignèrent par leurs noms les huit notables de leur choix, parmi lesquels un certain Guillaume Baronnat. Le 19 décembre 1483, les notables, dont le nombre se trouvait réduit à six, furent convoqués avec les conseillers en l'hostel commun de la ville; on les avisa de l'élection qui avait été faite de Barthélemy de Villars, pour' accompagner le député Jean Palmier avec Antoine Dupont, le procureur de la ville.

Cinq des notables déclarèrent « que lesdits conseillers avoient « bien advisé et bien eslen, et que leur dite élection avoit esté et « estoit bonne et bien faicte et à icelle s'accordoient. » Mais Guillaume Baronnat, attendu que la ville était « endebtée de « grans sommes de deniers » fut d'avis qu'il ne fallait pas faire la dépense du voyage de deux délégués supplémentaires, mais se contenter d'envoyer le député officiel. Dans le cas où on ne se rallierait pas à son opinion, Baronnat demandait la convocation d'un plus grand nombre de notables.

On ne s'arrêta pas à cette protestation, et l'on décida que Villars et Dupont seraient envoyés aux états avec le député Jean Palmier ; mais comme Villars devait faire, dans tous les cas, ce voyage pour son propre compte, il fut convenu qu'on lui parlerait, et qu'on tâcherait de « le faire contenter de quelque gracieuse « somme, en ayant regard à ce qu'il y va pour autre chose. »

Voilà une économie dont la commune de Lyon fut probablement redevable à Guillaume Baronnat, qui, ne pouvant faire

---

1. Le rôle de ces délégués devait se confondre souvent avec celui des autres représentants. Masselin fait figurer Antoine Dupont dans la liste des députés du Lyonnais (p. 24, éd. de Bernier). Une autre liste imprimée par Bernier contient aussi ce nom.

adopter son opinion, s'avisa sans doute de proposer cette réduc‑
tion de dépense.

Le lendemain, les conseillers firent venir leur collègue Barthé‑
lemy de Villars, et convinrent qu'on lui remettrait pour le voyage
40 livres tournois. Villars fit observer qu'après la tenue des
états, il prolongerait peut-être pendant longtemps son séjour en
Touraine, pour les affaires de la ville, et qu' « en ce », il « pour‑
« roit avoir perte et dommaige. » Mais on lui répondit qu'à son
retour on augmenterait la somme allouée, s'il y avait lieu, et
qu'on aurait à sa réclamation « tel regart que raison vouldroit. »

Villars, faute de mieux, dut donc se contenter de ces quarante
livres : ce qui était déjà très « gracieux » pour un voyage qu'il
était décidé à entreprendre dans son intérêt privé. Nous ignorons
quelle somme fut allouée à ses compagnons de route [1].

Le bailliage de Senlis n'envoya aux états généraux qu'un seul
député, Guillaume le Fuzelier, licencié en lois; et il est assez dif‑
ficile de dire si ce personnage fut choisi par les trois ordres de
la nation, ou seulement par les bourgeois des villes.

Le 29 novembre 1483, les habitants de Senlis se réunissent à
l'hôtel de ville, et donnent pouvoir à dix d'entre eux « de com‑
paroir à l'assemblée des trois états de bailliage et de élire un
homme de l'état commun pour aller auxdits trois états, ordon‑
nés être tenus à Orléans, avec lesdits gens d'église et nobles,
faire les remontrances. »

Le procès-verbal de cette assemblée « des trois états du bail‑
liage » ne nous est pas parvenu. Mais le 29 janvier et le 21 mars
1484, le registre des délibérations de Senlis fait mention du man‑
dat donné à Guillaume le Fuzelier « *par les villes* [2] *et pays du bail‑
liage pour le tiers et commun état dudit pays* », — « *par les villes
du bailliage dudit Senlis, assemblées en grand nombre en cette ville
de Senlis.* »

1. Actes consulaires de la ville de Lyon, vol. BB. 17. Les listes imprimées par Ber‑
nier ne donnent point le nom de Barthélemy de Villars; on y trouve, comme nous
l'avons dit, celui d'Antoine Dupont. Lors des états de 1468, on avait déjà songé à
envoyer Jean Palmier aux États de Tours. (Actes consulaires de la ville de Lyon,
14 mars 1467.)

2. M. Henri de l'Épinois a donné les noms des trois électeurs que nomma la ville
de Compiègne, et qui durent se réunir aux autres électeurs du bailliage. (Notes
extraites des Archives communales de Compiègne. *Bibl. de l'Éc. des ch.*, t. V,
série 5, p. 136.)

Enfin, une lettre datée de Tours, du 15 mars 1484, et adressée aux bourgeois de Senlis, Beauvais, Compiègne et Clermont, par Marigny, bailli de Senlis, commence ainsi :

« Très-chers et spéciaux amés,
« Je me recommande à vous. Maistre Guillaume le Fuzellier, que vous avez envoyé *pour les trois états du bailliage* de Senlis, s'en retourne par delà ; et aussi (eusse) bien voulu que Messieurs les gens d'Eglise et nobles se y fussent trouvés comme lui pour l'honneur et profit dudit bailliage. »

Si, comme le porte cette lettre, Guillaume le Fuzelier a été envoyé par les trois états du bailliage, pourquoi Marigny déplore-t-il l'absence des représentants du clergé et de la noblesse, et surtout pourquoi les délibérations du 29 janvier et du 21 mars parlent-elles de Guillaume le Fuzelier [1], comme mandataire de la bourgeoisie et non des deux autres ordres ?

Il paraîtra peut-être naturel de supposer que le clergé et la noblesse du bailliage de Senlis ne prirent aucune part à l'élection des députés aux états généraux, élection qui, cependant, dans l'intention du roi, aurait dû être le fait des trois ordres réunis.

Guillaume le Fuzelier n'entreprit pas seul le voyage de Tours ; nous apprenons qu'il s'adjoignit Jean Sanguin, « l'un des gouverneurs » de Senlis, pour « aller avec lui aux trois états ; » et, le 29 janvier 1483, c'est-à-dire quinze jours après la première réunion de l'assemblée des députés, nous retrouvons à Senlis ce Jean Sanguin, rendant compte aux habitants des négociations entamées avec le roi, au sujet du grenier à sel de cette ville.

Que se passa-t-il dans les autres bailliages? Les députés envoyés par eux aux états généraux étaient-ils accompagnés d'un ou plusieurs délégués qui les aidaient dans leurs travaux et par l'entremise desquels ils pouvaient, au besoin, en référer à leurs commettants? Nous l'ignorons ; mais il n'y aurait rien dans cette supposition que de très-vraisemblable.

---

1. Le *Journal de Masselin* porte le Fuzier au lieu de le Fuzelier (p. 18). M. Bernier a déjà corrigé cette erreur de nom (p. 729, note 1).

24

IV. SUITE DES ÉTATS DE 1484. — *Détails sur les élections de Tours. Revue des délibérations de l'hôtel de ville de Tours, postérieures aux procès-verbaux d'élection, et dans lesquelles il est fait mention de la convocation des états.*

A Tours, la première assemblée électorale a lieu le 9 novembre 1483. Le corps de ville, comprenant les représentants de l'archevêque et du chapitre de la cathédrale, plusieurs échevins, pairs et conseillers, se réunit à la maison commune, en présence du juge de Touraine et de l'avocat du roi[1], sous la présidence du nouveau maire, Martin d'Argouges, et de René Sizeau, élu. Le chapitre de Saint-Martin, dont les députés faisaient partie de la commune, n'a pas envoyé de mandataire; et je ne compte en tout que treize membres présents, non compris les deux officiers du roi. Chiffre bien restreint, car, sans parler des représentants des églises, le corps de ville se composait de vingt-quatre échevins et de soixante-seize pairs et conseillers laiz[2]!

1. On trouve dans les lettres d'établissement du mairat, par Louis XI, le passage suivant :

« Et pour la singulière confiance qu'avons esdits maire et eschevins, bourgois, « manans et habitans de la dite ville, leur avons octroyé et octroyons que, toutes et « quanteffoiz que besoing sera, par l'ordonnance desditz maire et eschevins, ilz se « puissent assembler, sans ce qu'ilz soyent tenuz appeller ou convoquer à leur dite « assemblée aucun de noz officiers audit lieu, si bon leur semble. » (Ordonnance de Louis XI, en date du mois de février 1461, à Saint-Jean d'Angely, citée dans un acte de transaction du 8 janvier 1464, entre les habitants laiz et les gens d'église de la ville de Tours. Archives de la ville de Tours. Rouleau de parchemin, voy. aussi : *Ordonnances des rois de France*, t. XV, p. 332 et suiv.)

En fait, un officier du roi assistait ordinairement aux assemblées du corps-de-ville; quelquefois, cependant, le roi n'était pas représenté à ces réunions. (Voyez, par exemple, la séance du 2 décembre 1465. Registre des délibérations de 1462 à 1473.)

Cet article de l'ordonnance de Louis XI ne figure pas parmi ceux qui furent entérinés par la cour des comptes, dans son arrêt du 28 mai 1464. (Archives de la ville. Série AA. liasse 1.) Un autre arrêt de la même cour, du 2 août 1484, rendu sur l'ordonnance par laquelle Charles VIII confirma, en septembre 1483, les priviléges accordés par son père à la commune de Tours, visa ce paragraphe de l'ordonnance de Louis XI, mais en restreignit la portée. Il ne reconnut qu'au maire, aux échevins et aux pairs de ville le droit de se réunir en l'absence des officiers du roi, et dit qu'une plus grande assemblée ne pourrait avoir lieu qu'en présence du bailli de Touraine ou de son lieutenant. (Arrêt transcrit dans une pièce de procédure signifiée au maire et aux échevins, demandeurs, par François Paris, conseiller du roi, prévost et juge ordinaire de Tours, deffendeur. Archives de la Mairie de Tours.)

2. 76 et non 75 comme on a coutume de le dire. (Voyez entre autres l'hist. ms.

L'assemblée s'occupe des affaires ordinaires de la commune, entre autres d'une question de voirie pendante entre la ville et le couvent des Cordeliers, au sujet de la rue de ce nom, de diverses réparations à faire exécuter; enfin de la nomination des électeurs chargés de choisir les députés aux états généraux.

C'est, on le voit, une élection à deux, et même à trois degrés, car les électeurs sont nommés, non par le peuple, mais par le corps municipal [1], qui procède lui-même, en droit, d'un suffrage universel et direct, auquel peuvent prendre part tous les habitants de Tours. (En fait, le maire et les échevins sont ordinairement désignés par un nombre assez peu considérable d'électeurs [2].)

Voici les noms qui sont proclamés à la fin de cette séance : « Sire Jean Briçonnet l'aisné, Monsieur le Juge, Françoys Bernard, J. Saintier, Macé Hubaille, J. Lopin, J. Ruzé auquel on pourra demander son opinion, J. Galocheau, Loys de la Mezière, » et un dernier personnage dont le nom est illisible.

Ce choix ainsi arrêté, l'assemblée, avant de se séparer, décida qu'on notifierait au chapitre de Saint-Martin la délibération qui venait d'être prise, et qu'on l'engagerait à faire choix d'un cer-

de Chalmel, p. 42. *Le Droit municipal au moyen âge*, par F. Béchard, t. II, p. 364.) Les 76 premiers pairs furent nommés le 8 octobre 1462. Leurs noms nous sont restés. (Registre des délibérations de 1462 à 1473.)

1. C'est le petit nombre des membres présents qui m'induit à penser que cette réunion du 9 novembre 1483 est une assemblée particulière du corps de ville et non une assemblée générale des habitants. Cependant les assemblées générales auxquelles tous les bourgeois ont été convoqués sont quelquefois fort peu nombreuses. Il n'y a donc là qu'une conjecture qui paraîtra, je l'espère, très-vraisemblable, mais rien de plus. Il faudrait, pour arriver à une certitude absolue, connaître les noms des échevins en novembre 1483, mais il est impossible de dresser cette liste à cause des lacunes dans les délibérations, lesquelles nous font défaut depuis le 6 mars 1473 (anc. style) jusqu'au 9 novembre 1483.

2. L'ordonnance déjà citée de Louis XI porte :

« Et premierement, avons voulu et ordonné, voulons et ordonnons, que lesdits « bourgois, manans et habitans laiz de notre dite ville et cité de Tours, puissent « eslire par chacun an l'un d'eulx en maire avecques vingt-quatre eschevins, con-« seilliers perpetuelz à vie. »

Le premier maire de Tours, Jean Briçonnet, fut élu le 8 octobre 1462, par *tous... les bourgeois, marchands, manants et habitants assemblés*, dit le procès-verbal.

Les électeurs sont beaucoup moins nombreux les années suivantes. (Voir le registre des délibérations de 1462 à 1473.)

tain nombre d'électeurs qui auraient à s'entendre avec ceux déjà nommés. On arrêta également que l'Église de Tours (c'est ainsi que l'on désigne constamment l'église métropolitaine) serait invitée à choisir ses représentants.

En effet, peu de jours après, ceux qui avaient été désignés par le corps de ville, à l'exception pourtant de J. Galocheau, et peut-être d'un autre membre, se réunirent encore à la maison commune avec l'avocat du roi et quelques autres notables, parmi lesquels Étienne Ragueneau, ancien maire, et Étienne Lopin, chanoine de l'église Saint-Gatien, qui n'avait pas été nommé dans la séance précédente, mais avait sans doute été désigné, depuis, par le chapitre. Quant à l'église Saint-Martin, nous ne voyons pas qu'elle ait envoyé de représentants.

Cette seconde assemblée, chose digne de remarque, paraît, comme la première, une réunion ordinaire du corps de ville. On y traite des affaires de la commune, des mesures à prendre pour obtenir la délivrance des lettres de confirmation des priviléges de la ville [1], de la rue des Cordeliers, et enfin des députés à envoyer aux états : on fait choix également des rédacteurs du cahier des doléances.

Les députés nommés sont : « Jehan Faleyseau [2], juge de Touraine, Jehan Godeau [3] et Jehan de Costance [4], » c'est-à-dire trois

1. Ces lettres de confirmation, ainsi que je l'ai dit, p. 43, note 1, sont datées du mois de septembre 1483 ; mais elles n'étaient pas délivrées en novembre de la même année. Cette affaire était retardée par la demande d'un droit de sceau considérable, auquel prétendait la chancellerie du roi. (L'ordonnance de Charles VIII est imprimée dans le *Recueil des ordonnances*, t. XIX, p. 144.)

2. Licencié en lois. Maire de 1490 à 1491, au témoignage de Chalmel (Hist. ms. de la mairie de Tours, à la Bibliothèque de la Mairie, p. 85), dont je n'ai pu vérifier le dire, en raison des lacunes que présentent les registres des délibérations et des comptes. D'après l'article que Chalmel lui consacre, Jean Faleyseau n'aurait pas occupé le poste de lieutenant-général du bailli ou juge de Touraine, avant 1490. Les délibérations sur lesquelles ce travail est rédigé prouvent qu'il remplissait ces fonctions dès l'année 1483. On le retrouve avec le même titre les années suivantes. (Voy. registre des délibérations, séance du 16 août 1487 et passim.)

3. Probablement celui que je trouve qualifié *conseiller en court laye* dans un procès-verbal du 19 novembre 1471, où sont mentionnés plus de 600 manants et habitants qui viennent prêter serment à Louis XI, entre les mains du maire. Il fut receveur des deniers communs du 1er novembre 1465, au 1er novembre 1467. (Registre des comptes, coté 38, p. 3 et 58) ; enfin maire de 1474 à 1475. (Chalmel, p. 81.)

4. Probablement celui que je trouve qualifié *pratician en court laye*, dans le procès-verbal du 19 novembre 1471, déjà cité. — Maire de 1479 à 1480 : il s'intitulait à cette époque *conseiller en court laye*. (Registre des comptes, coté 44, de 1479

bourgeois. Le clergé et la noblesse ne se trouvent pas représentés.

Ces députés pourront prendre avec eux « deux des suffisans des habitants, » chargés de participer aux travaux des représentants, de tenir la commune au fait des questions agitées dans le sein des états, et de transmettre aux députés les instructions qu'on pourrait avoir à leur faire parvenir pendant le cours des réunions de l'assemblée.

Il règne une certaine incertitude sur les noms des rédacteurs du cahier des doléances. Cependant l'assemblée paraît avoir choisi, en définitive, le juge de Touraine, Mes François Bernard[1], J. Bernard[2], J. Lopin[3], J. Saintier[4], J. Godeau[5], tous jurisconsultes, et un septième personnage, Macé Hubaille[6], dont le nom

à 1480, p. 2.) Un Jean de Coustances ou Decoustance figure parmi les bourgeois de Tours, dès le 8 mars 1462 et le 12 février 1469. Il faudrait donc, même en admettant l'origine noble qui est attribuée à cette famille par L'Hermite Souliers (*Histoire généalogique de la noblesse de Touraine*, p. 504), reconnaître qu'elle s'était mêlée avec la bourgeoisie tourangelle. Ce qui me suffit pour considérer ici Jean de Costance comme bourgeois.

1. Maire de 1468 à 1469. *Licencié en décrect.* (Série CC. Mandat de François Bernard, maire de Tours, du 31 octobre 1469.) Avait déjà représenté les gens d'église et les bourgeois de Tours, aux États de 1468. (Voy. ci-dessus, p. 7.)

2. Maire de 1465 à 1466. Licencié en lois. (Registre des comptes du receveur, 1465-1466, p. 2.) J. Bernard avait occupé la place de lieutenant général du bailli et juge de Touraine. Il remplissait ces fonctions lors de la création du Mairat, en 1462. Il figure en tête de la première liste des échevins (registre des délibérations de 1462 à 1473, p. 1), et, depuis lors, on le trouve présent aux délibérations du corps-de-ville, tantôt en qualité d'officier du roi (même registre, p. 2), tantôt en qualité d'échevin, lorsque le roi est représenté par le bailli lui-même. (Même registre, p. 7.) Quand Jean Bernard fut nommé maire de Tours, il n'était plus juge de Touraine. (Registre des délibérations de 1462 à 1473, 28 octobre 1465, et 1er décembre 1465.) Le lieutenant-général du bailli et juge de Touraine était alors Pierre Sohier. Voy. délibérations du 11 septembre 1465, du 1er décembre 1465, du 31 juillet 1466 et passim. A l'époque qui nous occupe, Jean Bernard avait le titre d'*advocat du roy*. (Délibération du 30 novembre 1483.)

3. Probablement celui que je trouve qualifié *conseiller en court laye* dans le procès-verbal du 19 novembre 1471. Maire de 1475 à 1476; s'intitulant alors *Licencié en loix*. (Registre des comptes du receveur, coté 42, p. 2.)

4. Probablement celui que je trouve qualifié *pratician en court laye* dans le procès-verbal déjà cité. Maire de 1472 à 1473, et s'intitulant alors *licencié en loix*. (Registre des comptes, coté 41, p. 2 r°.)

5. Voyez note 3, p. 45.

6. Macé Hubaille figure parmi les principaux bourgeois de Tours, le 25 octobre 1478. (Registre des comptes, t. 43, p. 171 v°.) On retrouve assez souvent son nom dans le cours des années postérieures à 1483.

revient souvent dans les registres des délibérations, mais dont je ne connais pas la qualité ou la profession.

Dans le cours de la séance, Louis de la Mezière avait été d'avis que les villes de Loches et de Chinon envoyassent chacune un député aux états, ou peut-être un électeur au chef-lieu du bailliage, car le texte n'est pas très-clair en cet endroit.

La plus grande incertitude avait régné dans l'assemblée en ce qui concerne le nombre des députés que devait nommer la ville de Tours : on avait de même hésité sur la qualité des députés à élire, et plusieurs membres, dont le sentiment n'avait pas prévalu, avaient demandé qu'un représentant de chacun des trois ordres fût envoyé aux états.

En réalité, Jean Faleyseau, Jean Godeau et Jean de Costance dont je viens de raconter l'élection, ne représentèrent jamais la Touraine aux états généraux.

Il ne fut tenu aucun compte de ces deux premières opérations électorales, qui restèrent lettre morte, et j'aurai tout à l'heure à donner des détails sur les procès-verbaux de l'élection définitive. Mais je crois que ce ne sera pas faire abus des conjectures que de chercher un moment l'explication de cette sorte de nullité dont furent évidemment frappées ces premières nominations. Remarquons-le tout d'abord : la prescription la plus importante des lettres du roi n'était pas remplie, car c'étaient trois bourgeois qui avaient fixé le choix des électeurs.

De plus, les villes d'Amboise, de Loches et de Chinon n'avaient pas été représentées. Cette remarque s'applique également au clergé, qui n'avait envoyé qu'un chanoine de Saint-Gatien; elle s'applique surtout à la noblesse, dont pas un membre ne se trouvait à la réunion.

Ce sont là certainement autant de chefs sur lesquels le roi ou son lieutenant appela l'attention des Tourangeaux, en leur enjoignant de procéder à de nouvelles élections plus régulières.

Comment avait-on si mal observé les usages, si imparfaitement obtempéré aux « lettres royaux? » Je ne serais pas éloigné de voir dans ces premières élections, soit un indice des répugnances du clergé, et surtout de la noblesse, pour un vote commun avec le troisième ordre, soit un souvenir de ce qui s'était passé à l'occasion des derniers états généraux convoqués en 1468 sous Louis XI.

A cette époque, le clergé et la bourgeoisie de Tours avaient déjà, comme nous l'avons vu, procédé en commun à la nomination des députés sans que les villes d'Amboise, de Loches et de Chinon prissent aucune part à l'élection [1]. Il est vrai qu'à côté de ces analogies nous trouvons des différences importantes à signaler : ainsi, en 1484, l'élection est à trois degrés au lieu d'être directe, et les députés choisis ne sont plus, comme en 1468, un ecclésiastique et deux laiz, mais bien trois laiz.

Cette dernière irrégularité était, sans contredit, la plus importante : aussi voyons-nous, quand on procéda, le 1er décembre, à une élection définitive, le président rappeler à l'assemblée la teneur des lettres du roi, « qui mande soy assembler pour eslire « et nommer troys personnes pour estre aux troys estatz; c'est « assavoir une personne d'église, ung noble et une personne « pour le commun [2]. »

Voici quels furent les éléments de cette seconde assemblée électorale : le maire Martin d'Argouges et René Sizeau, l'un des élus; le lieutenant-général du bailli et juge de Touraine; les bourgeois de Tours nommés par le corps de ville pour la cité, les représentants de Chinon, celui ou ceux de Loches, ceux d'Amboise, deux chanoines de l'église cathédrale, l'official de l'archevêque, les représentants de l'abbé et du couvent de Saint-Julien, et celui de Saint-Martin. Enfin, il faut ajouter à cette liste deux personnages, probablement les suivants : Guy Chasteignier, seigneur de la Roche-Posay, et Jeanne de Malestroit, vicomtesse de la Bélière, veuve de Tanneguy du Châtel, seigneur de Châtillon-sur-Indre, laquelle jouissait du domaine de Châtillon comme ayant la garde noble de ses trois filles, et comparut par procureur [3].

De la composition de cette assemblée il résulte, à mon avis,

1. Registre des délibérations du corps-de-ville de Tours, à la date du 6 mars 1468.

2. Ibid., 1er décembre 1483.

3. Je dois faire observer qu'en ce qui concerne le seigneur de la Roche-Posay et la seigneurie de Châtillon, je donne ici des indications précises qui manquent dans le manuscrit dont je me suis servi. J'ai pu me tromper en essayant d'interpréter ainsi les expressions par trop laconiques du plumitif, qui porte seulement : *seigneur de la Roche, seigneur de Châtillon*. J'ai supposé que ces désignations s'appliquaient à la Roche-Posay et à Châtillon-sur-Indre. Quant aux noms des titulaires de ces seigneuries, ils m'ont été fournis par Chalmel (*Histoire de Touraine*, t. III, p. 69 et 257), et par une pièce ms. du fonds Salmon à la bibliothèque de Tours. (Registre 357, pièce 88.)

que les paysans n'ont eu aucune part, en Touraine, à l'élection
pour les états généraux de 1484 : il ne faudrait donc pas appliquer à notre province une phrase trop générale d'Augustin
Thierry à propos de cette assemblée :

« L'élection pour les trois ordres s'était faite, dit-il, au chef-
lieu de chaque bailliage, et les paysans eux-mêmes y avaient
pris part[1]. »

Les bourgs ou les campagnes n'ont pas de représentants au
sein de l'assemblée qui va nommer les députés : les envoyés des
quatre villes les plus importantes du bailliage, Tours, Loches,
Amboise et Chinon, y figurent seuls.

Le corps de ville[2] de Tours avait fait choix de ses représentants, pour cette assemblée générale, le 30 novembre 1483 ; et,
d'après notre plumitif, il aurait désigné plusieurs bourgeois dont
les noms, il est vrai, ne se retrouvent pas très-exactement
parmi ceux des membres présents à la réunion qui eut lieu le
lendemain. L'imperfection des notes qui nous sont restées doit
être en bonne partie la cause de cette difficulté.

Bien que les lettres du roi ne parlassent que de l'élection de
trois députés, plusieurs électeurs voulaient en nommer davan-
tage, et proposaient d'en choisir six ; d'autres rappelaient que le
roi avait ordonné d'en élire trois, et non un plus grand nombre ;
ce fut ce dernier sentiment qui prévalut ; les députés élus furent :
pour l'Église, Guy Vigier, abbé de Marmoutier ; pour la noblesse,
Hardouin, seigneur de Maillé, de Rochecorbon, de Rillé, vicomte
de Tours, chevalier, conseiller et chambéllan du roi[3] ; pour le
commun, sire Briçonnet Patron[4].

On le voit, les usages étaient bien incertains, bien imparfai-

1. Essai sur l'histoire du Tiers-État, ch. iv.

2. Je dois faire ici les mêmes réserves qu'à la page 24, note 1.

3. Tels sont exactement les titres que prend Hardouin de Maillé, dans un acte du
6 août 1480, signé de lui. (Archives de la ville, liasse 325, ancienne série.)

Ce seigneur de Maillé (Hardouin IX) est celui qui vendit, en 1463, la seigneurie de
Montils-les-Tours au roi Louis XI. Il avait épousé, en 1458, Antoinette de Chauvigny.
Il vivait encore en 1487. (*Histoire généalogique de la maison royale de France*,
par le père Anselme, t. VII, p. 501. *Le Cabinet historique*, par M. Louis Paris.
Décembre 1858, p. 278.)

4. D'après le père Anselme, ce serait Jean Briçonnet l'aîné, qui aurait été envoyé
comme député aux états généraux de 1484 (t. VI, p. 428). Cependant il est certain
que celui que nos registres des délibérations appellent souvent Briçonnet Patron n'est
autre que Jean Briçonnet le jeune, frère de Jean Briçonnet l'aîné. (Comparez les

tement déterminés; mais cette inexpérience, ces hésitations,
n'ont rien qui doive surprendre si l'on se rappelle combien les
convocations des états généraux étaient peu régulières sous l'ancienne monarchie.

On a dû remarquer que la noblesse n'était représentée, parmi
les électeurs de Touraine, que par deux de ses membres, dont
un seul comparut en personne..

Ces envoyés de la noblesse firent connaître les noms de ceux
auxquels ils désiraient confier les intérêts, je ne dis pas de leur
ordre, mais des trois ordres du bailliage; et leur rôle, dans cette
assemblée, ne diffère en rien de celui des autres électeurs.

Le procès-verbal ne nous a pas gardé les noms des candidats
pour lesquels se prononça le mandataire de la seigneurie de Châtillon; nous apprenons seulement par ce document qu'il voulait
confier les intérêts de la province à six députés au lieu de trois.
Jacques Delacourt, élu de Chinon, et le seigneur de la Roche
opinaient, au contraire, pour trois députés, l'abbé de Marmoutier, Maillé et J. Briçonnet Patron. Leur sentiment l'emporta.
Macé Hubaille, un bourgeois, envoyait à l'assemblée trois représentants du tiers état : Briçonnet Patron, François Bernard,
ou son fils, et J. Godeau; un seul noble, « Maillé ou Cryssé »
(Crissay), et deux ecclésiastiques qui ne sont pas nommés.
M° Estienne Brecte, sire Jean Briçonnet l'aîné, avaient proposé la nomination d'un certain *Monseigneur d'Anjou*, qui est
certainement Louis d'Anjou, bâtard du Maine, chevalier, seigneur et baron de Mezières en Brenne et autres lieux, conseiller
et chambellan du roi en 1482 [1].

délibérations des 21 décembre 1472 et 22 juillet 1473.) C'est donc Jean Briçonnet le
jeune qui fut élu député aux états de 1484. Briçonnet le jeune fut maire de Tours de
1469 à 1470. (Voy. délibération du 15 octobre 1469.) D'après Chalmel, il serait mort
le 26 août 1477, mais cette date, suivant le père Anselme et Guy Bretonneau, auteur
de l'*Histoire généalogique de la maison des Briçonnets*, s'applique à un fils de
Jean Briçonnet l'aîné, et non à Jean Briçonnet le jeune. (Chalmel, Histoire ms. de
la Mairie et des maires de Tours, à la bibliothèque de la Mairie, p. 30. *Histoire généalogique de la maison de France*, t. VI, p. 428; Guy Bretonneau, p. 19 et 20.)

Jean Briçonnet, le jeune, seigneur de Chanfreau, épousa Catherine de Beaune,
fille de Jean de Beaune. (Le père Anselme, ibid.)

1. Père Anselme, t. I, p. 235.

C'est grâce à l'obligeance de M. X. de Busserolle, qui connaît si bien la généalogie
des familles de Touraine, que nous avons pu déterminer quel était ce *Monseigneur
d'Anjou*.

Mais il est inutile d'entrer dans ces développements : les opinions individuelles de chacun des électeurs perdent aujourd'hui
beaucoup de leur intérêt. Le procès-verbal est, du reste, sous
ce rapport, fort incomplet; et s'il nous a suffi pour exposer ce
qui vient d'être dit sur l'organisation générale et le mode de
procéder dans les élections, il ne nous fournirait plus touchant
ces détails que des indications tronquées et assez obscures.

La magnificence de l'hôtel de ville de Tours, et surtout de la
salle des délibérations, nous vaut peut-être le privilége de pouvoir représenter le procès-verbal de l'élection aux états de 1484,
procès-verbal informe, mais plein, dans son imperfection, de vérité et d'originalité. Si notre salle des délibérations eût été moins
vaste et moins magnifiquement décorée [1], une église, comme à
Lyon, ou le palais de l'archevêque, eussent certainement ouvert leurs portes aux représentants des trois ordres chargés de
nommer les députés. Un autre greffier que celui de la commune
eût consigné par écrit le résultat de leurs opérations, si tant est
qu'on eût voulu en conserver le souvenir autrement que par la
délivrance d'une procuration, d'un pouvoir remis entre les mains
des députés, et le registre de nos délibérations ne porterait pas
trace de ce procès-verbal d'élection qui a pour nous aujourd'hui
une si grande valeur historique.

Il nous resterait à étudier les délibérations du corps de ville
des 11, 15, 24 et 31 janvier, 11 février, 3, 11 et 17 mars 1483
(ancien style), pour épuiser tout ce que les archives de Tours
contiennent de relatif aux états de 1484; mais ces derniers textes
me fourniront une matière moins abondante que ceux dont j'ai
parlé plus haut. Rédaction du cahier des doléances du bailliage
de Touraine [2], contribution de la ville pour le don de joyeux
avénement [3], privilége d'exemption de la taille revendiqué avec
succès par les bourgeois [4], tels sont les divers points que j'y
trouve assez sommairement mentionnés.

Des détails sur les articles des doléances seraient assurément
du plus haut intérêt; mais le cahier des doléances n'a pas été

1. Voyez, sur la décoration de la salle de l'hôtel de ville de Tours, le registre des
comptes du receveur, coté 43 (année 1479), pp. 183 r° et suiv.

2. Délibération du 11 janvier 1483.

3. Délibération du 24 janvier 1483.

4. Id. des 3 et 11 mars 1483, et Masselin, p. 627 et 629.

conservé dans nos archives. Nous possédons seulement le procès-verbal d'une séance du corps de ville, dans laquelle les représentants de la cité adoptent la rédaction de ces remontrances, telle qu'elle avait été provisoirement arrêtée par le juge de Touraine, M° François et Jean Bernard, J. Lopin, Macé Hubaille, J. Saintier et J. Godeau, chargés de ce travail, comme on l'a vu plus haut [1] ; mais les échevins n'entrent dans aucun détail sur les divers objets qui faisaient la matière de ces doléances.

Je remarque seulement que, suivant une opinion émise au sein de cette assemblée par l'abbé de Marmoutier, les remontrances des trois ordres ne devaient pas être séparées : « *Luy semble que touz les trois estaz devoient touz parler par ung.* » Il voulait aussi qu'on insérât, touchant la justice de l'Église, un article où l'on réclamerait pour elle son ancienne liberté [2].

Le zèle de Guy Vigier pour de sages et utiles réformes est, du reste, très-connu. C'est lui qui, vers cette époque, rédigea un mémoire analysé par dom Martène, historien de Marmoutier [3], dans lequel il s'élevait contre l'abus si criant des commandes, et appelait de tous ses vœux le retour aux prescriptions des saints conciles et des papes, notamment aux décrets du pape Benoît XII, touchant la réforme de l'ordre de Saint-Benoît. C'est lui enfin qui, en 1494, reçut d'Alexandre VI la mission de visiter, avec deux autres abbés, les monastères de France, et de travailler à la destruction de tous les abus qui s'y étaient introduits.

Je trouve, au sujet de cet abbé, dans le procès-verbal de la séance du 15 janvier, une particularité qui mérite d'être rapportée. Il informa tout à coup le corps de ville, par l'intermédiaire du pitancier de Marmoutier, qu'il cesserait d'assister aux réunions des états, et demanda à être remplacé.

1. On paraît, en effet, avoir conservé comme rédacteurs du cahier des doléances les personnages qui avaient été désignés, le 19 novembre, en même temps que les députés dont la nomination fut considérée comme nulle. Cependant le procès-verbal de la séance du 30 novembre contient un paragraphe ainsi conçu : « *Et pour* « *amender lesdits articles, Monsieur le Juge, M° Jehan Bernard, advocat du* « *roy, J. Saintier, François Bernard, M. Hubaille.* » Il faudrait peut-être, en s'en tenant à ce dernier texte, dire que, dans cette seconde réunion, J. Lopin et J. Godeau furent exclus de la liste des rédacteurs des doléances. Mais ce point a peu d'importance.

2. Reg. des délibérations. Séance du 11 janvier 1483.

3. Histoire manuscrite de Marmoutier, par Jom Martène, à la bibliothèque de Tours, t. I, p. 435 et 436.

Malheureusement, nous manquons des détails nécessaires pour rendre compte de cet incident. Il paraît s'être produit à l'occasion de la pragmatique sanction que l'abbé se refusait vraisemblablement à défendre, et dont les bourgeois désiraient le maintien. On le pria de continuer à remplir son mandat malgré cette divergence de vues, et l'on se reposa sur d'autres du soin de défendre la pragmatique.

Le 24 janvier, les échevins et les autres représentants de la cité paraissent très-disposés à faire des remontrances à l'archevêque Élie de Bourdeille [1] qui aurait, en leur nom, prononcé des paroles et avancé des doctrines qu'ils désavouent.

Comme le journal de Masselin nous apprend qu'il y avait eu la veille, 23 janvier, une assemblée générale des états, dans laquelle on avait traité la question des abus et des réformes de l'Église, et que, d'autre part, nous savons quel était le dévouement d'Élie de Bourdeille aux principes de l'Église romaine [2], il est naturel de supposer que l'affaire de la pragmatique nuisit en cette circonstance à la bonne intelligence du pasteur et de son troupeau. Je rappellerai ici que l'archevêque de Tours assistait aux états, bien qu'il n'eût pas été nommé représentant du bailliage. Il occupait, en sa qualité de prince de l'Église, une des places les plus élevées parmi les grands seigneurs de France : il était, au premier rang, après le cardinal de Bourbon, archevêque et comte de Lyon, et avait le pas même sur les princes du sang [3].

Tels sont les renseignements que nous fournissent, ou plutôt que nous laissent deviner les dernières délibérations du corps de ville, dans lesquelles il est fait mention de la convocation des états. Ces lignes, écrites à la hâte par le greffier, ne présentent pas toujours un sens très-satisfaisant, et ne retracent que d'une

---

1. L'archevêque de Tours était alors Élie de Bourdeille, et non Robert de Lenoncourt, comme le dit M. Bernier, p. 714, note 2. Élie de Bourdeille ne mourut qu'en juillet 1484. (Voy. *Gall. Christ.*, t. IX, col. 146 et 237, et t. XIV, col. 131. *Procès-verbaux des séances du conseil de régence du roi Charles VIII*, publiés par A. Bernier, 1836, p. 61, — dans la Collection des documents inédits.)

2. Voy. l'ouvrage intitulé : *Defensorium concordatorum. Subtilis et preclarus reverendi in Christo patris et Domini Helie quondam Turonensis Archiepiscopi tractatus, editus tempore Ludovici XI, regis Francie Christianissimi.* — *Absolutum est hoc opus Parisiis pro Johanne Parvo, librario, commoranti in vico Sancti Jacobi.*

3. *Journal de Masselin*, p. 714.

manière imparfaite les divers incidents auxquels nous venons de faire allusion. Mais ces témoignages sont relatifs aux députés du bailliage de Touraine : bien qu'ils soient fort incomplets, nous n'aurions pas voulu les passer entièrement sous silence.

VI. RÉSUMÉ. — *Examen des opinions de MM. Rœderer, Boullée, Henri Martin. Le suffrage direct dans plusieurs villes en 1468. Le suffrage à deux ou à trois degrés en 1484.—Hypothèses.*

Nous résumerons ici en quelques lignes les conclusions de ce travail.

L'étude des documents que nous avons pu consulter nous a permis de reconnaître :

1° Qu'en 1468, Louis XI expédia des lettres de convocation adressées *à la fois au clergé et à la bourgeoisie ;* que, dans certaines villes, ces deux ordres procédèrent néanmoins séparément aux élections; qu'ailleurs (c'est le cas de la ville de Tours et le seul que nous ayons pu constater), ils se réunirent pour nommer en commun leurs représentants.

2° Qu'en 1484, les lettres de convocation furent adressées *aux électeurs des trois ordres,* et que, suivant la marche pour ainsi dire tracée par ces lettres, le clergé, la noblesse et l'état commun se réunirent dans beaucoup de bailliages pour les élections, et donnèrent à chaque député un mandat émanant des trois ordres de la nation.

D'après M. Henri Martin, les trois ordres se seraient réunis pour l'élection de 1468, mais non pour celle de 1484 [1]. Nous avons été conduits à développer une thèse, qui se trouve être exactement opposée à celle de cet éminent écrivain.

Avant M. Henri Martin, M. Rœderer, dans son livre intitulé *Louis XII et François Ier*, avait déjà, sans l'appui d'aucun autre document, inféré des paroles de Philippe de Poitiers, rapportées par Masselin, que les trois ordres réunis participèrent à l'élection de 1484 [2]. Timidement mentionnée par Boullée [3], cette opinion parait jouir d'un faible crédit dans les derniers ouvrages histori-

---

1. *Histoire de France,* éd. de 1856, t. VII, p. 30, note 1, et pp. 170, note 3 et 171

2. *Louis XII et François Ier*, par P.-L. Rœderer, 1825, t. I, ch. XIII.

3. *Histoire complète des États généraux,* par M. A. Boullée, 1845, tome I, p. 132.

ques. Comme nous l'avons vu, M. Henri Martin ne l'a pas adoptée. M. Rathery, dans son *Histoire des états généraux*, semble avoir évité de se prononcer : il n'aborde pas cette question, qu'il était peut-être téméraire de résoudre avec le seul texte du discours de Philippe de Poitiers. On pouvait, en effet, se demander si les assertions d'un orateur aussi passionné méritaient une entière confiance, et, par conséquent, rester indécis après la lecture de cette harangue, quelque clair et complet qu'en puisse être le sens.

Mais les documents originaux viennent trancher la question en faveur de Rœderer. Le tort de cet auteur est d'avoir voulu appliquer (il ne l'a fait, il est vrai, qu'avec une certaine hésitation) aux états de 1468 ce qui est vrai seulement pour ceux de 1484.

Après avoir fait ressortir le trait principal qui distingue les élections de 1468 et celles de 1484, nous devons signaler une autre différence importante.

En 1468, nous avons rencontré le suffrage direct à Tours et à Senlis (non pas à Lyon), et nous l'aurions constaté probablement dans d'autres villes, si nous avions pu étendre nos recherches. — (Cette observation, au sujet du suffrage direct, s'applique aux bourgeois des villes et non pas au clergé, que nous ne voyons pas convoqué en masse pour les élections.)

Lors des états de 1484, une modification fut presque inévitablement apportée à ce système électoral. Nous ne trouvons à cette époque aucune trace d'élection directe dans les documents que nous avons pu consulter, et vraisemblablement, partout où les trois ordres se réunirent, le suffrage direct fut remplacé par une élection à deux ou à trois degrés : à deux degrés, quand les électeurs furent désignés en assemblée générale; à trois degrés, quand ils le furent dans une assemblée ordinaire du corps de ville[1].

Comment supposer, en effet, une assemblée électorale à laquelle on convoquerait, non plus les représentants des bourgeois, mais le tiers lui-même, le commun peuple tout entier d'une municipalité venant confusément se mêler dans les rangs du clergé et de la noblesse?

Si pareille convocation fut adressée aux bourgeois d'une des villes de France, c'est que de très-anciennes habitudes pouvaient autoriser à penser que les notables seuls se rendraient à la réu-

---

1. Nous ne parlons encore ici que des électeurs de la bourgeoisie : nous ignorons comment furent désignés ceux des deux autres ordres.

nion. Du reste, nous n'avons point rencontré de ces convocations générales. Nous voyons partout les électeurs désignés à l'avance. (A Lyon, les conseillers et quelques notables se rendirent à l'assemblée électorale, mais il est très-probable que ces notables furent désignés par le consulat.)

D'autres questions viennent se poser à côté de celles que nous avons essayé de résoudre.

Celle-ci se présente la première :

Quelle part les habitants des campagnes prirent-ils dans les élections ?

Il paraît certain que le commun peuple des campagnes ne joua aucun rôle dans les élections de 1468. Il y eut même des villes importantes qui n'envoyèrent pas de députés : nous possédons la liste de celles qui furent représentées.

La question devient beaucoup plus difficile pour les états de 1484, et il est probable qu'une solution formulée en termes généraux et absolus serait par cela même erronée.

On a vu que, dans notre opinion, les habitants des campagnes ne prirent, en Touraine, aucune part à l'élection. Nous devons, d'un autre côté, faire observer que les notables du « pays » lyonnais s'occupèrent activement de faire parvenir jusqu'aux états « certaines mémoires faictes par ledit pays contre et au préjudice de la ville de Lyon [1]. » Si ces habitants du « pays » ne sont pas électeurs, ils ne restent du moins ni indifférents ni étrangers à un événement national aussi important que la convocation des états généraux.

Les députés du bailliage d'Amiens avaient charge et pouvoir des villes d'Amiens, Montreuil, Doullens, St-Riquier, Corbie et St-Valery. Il n'est pas fait mention des campagnes [2].

Guillaume le Fuzelier, député du bailliage de Senlis, est cité tantôt comme le représentant des « villes et pays [3] » du bailliage, tantôt comme le représentant des villes seulement [4].

Si nous devons, à notre grand regret, laisser dans l'ombre cette question difficile, il nous faut aussi renoncer à mettre dans tout

1. Actes consulaires de la ville de Lyon, vol. BB. 17. Délibération du 3 janvier 1483 av. Pâques.
2. Journal de Jean de St-Delis, publié par M. Bourquelot, tirage à part, p. 7.
3. Délibérations de la commune de Senlis. 29 janvier 1483 av. Pâques.
4. Ibid. 21 mars 1483 av. Pâques.
Ces villes sont Senlis, Beauvais, Compiègne et Clermont.

son jour la partie politique du sujet que nous avons abordé.

Lorsque Louis XI chercha à réunir le clergé et le peuple dans les comices électoraux, il avait sans doute un but caché; et c'était là, peut-être, une de ces combinaisons politiques qu'un esprit aussi puissant et aussi astucieux excellait à créer. Il est naturel de penser que le clergé, corps bien plus indépendant que les municipalités, faisait ombrage au roi, et que celui-ci espérait diminuer l'influence des gens d'Église, en les confondant dans les élections avec les membres du tiers.

La supposition de Rœderer, suivant lequel les députés appartenant à la grande noblesse du royaume auraient été directement désignés par le roi, viendrait à l'appui de notre hypothèse et la compléterait; car nous verrions à la fois la noblesse privée de comices électoraux et la bourgeoisie invitée à exercer une influence considérable dans la nomination des députés du clergé : c'est ainsi que Louis XI aurait cherché à préparer tous les éléments d'une assemblée docile.

Quand plus tard le conseil du jeune Charles VIII, inspiré sans doute par l'habile fille de Louis XI, tenta plus encore et entreprit une sorte de fusion des trois ordres dans une élection commune, quelle pensée présida à cette innovation hardie ?

Quelques personnes seraient peut-être tentées de voir dans cet important fait historique le germe et l'origine de ces principes d'égalité qui devaient triompher 300 ans plus tard; mais nous n'inclinons pas à prêter aux hommes des aspirations qui ne sont pas de leur siècle, et nous aimons mieux rappeler qu'après la mort de Louis XI, au-dessus des doléances des autres classes de la nation, s'élevait la voix redoutable de la noblesse. Commettre en partie l'élection des députés des deux premiers ordres à ces bourgeois qui, en définitive, avaient eu le moins à souffrir du dernier règne, n'était-ce pas atténuer cette réaction menaçante de la noblesse et, pour ainsi parler, en briser l'effort avant qu'il vint se heurter contre le trône[1]?

---

1. On sait que les évêques de France n'assistaient pas tous aux états de 1484. Plusieurs d'entre eux protestèrent contre l'exclusion dont ils étaient l'objet et prétendirent avoir, en leur qualité d'évêques, le droit d'assister aux états. On leur répondit que ce droit n'était point attaché à leur titre et ne pouvait leur être conféré que par les électeurs. (Masselin, p. 394, 406 et 408).

Pour bien apprécier les élections de 1468 et de 1483, il faudrait peut-être faire entrer en ligne de compte l'affaire de la Pragmatique-Sanction.

Mais ce sont là de pures hypothèses, et nous avons hâte de quitter ce terrain mouvant des conjectures. Les pièces que nous avons pu consulter ne nous fournissent aucun élément direct d'appréciation : elles ne nous permettent pas d'aborder avec confiance ces hautes questions d'histoire, et nous devons les abandonner aux érudits, qui, plus heureux que nous ne l'avons été nous-même, pourront s'entourer de tous les documents propres à éclairer leur jugement et donneront facilement dès-lors la raison et l'explication des faits que nous avons dû nous borner à constater [1].

1. En considérant comme un fait exceptionnel la réunion, soit de la bourgeoisie et du clergé, soit des trois ordres pour l'élection, nous paraîtrons peut-être avoir trop facilement supposé établi l'usage contraire, c'est-à-dire l'usage d'un vote séparé pour les trois ordres. L'état actuel des connaissances historiques nous autorisait-il à raisonner de la sorte? Nous avons suivi en ce point l'opinion commune des historiens. Il est vrai qu'ils ne donnent pas de preuves; mais rien dans les archives de Tours ne nous a paru venir infirmer ce sentiment, qui est général. Dans tous les procès-verbaux que nous avons pu consulter autres que ceux de 1468 et de 1483, les bourgeois de Tours nomment leurs députés, sans l'intervention du clergé et de la noblesse. Nous voyons bien, il est vrai, une première fois sous Louis XI, les trois ordres se réunir. C'est le 9 août 1466. Cette assemblée avait été convoquée à l'instigation du roi : elle devait s'occuper de rédiger des remontrances sur les abus à réformer; mais ce projet de rédaction en commun n'eut pas de suite : la noblesse ne communiqua même pas ses cahiers aux bourgeois. (Voy. séances des 9 et 25 août 1466. Registre des délibérations de la ville de Tours.)

PIÈCES JUSTIFICATIVES

PIÈCES JUSTIFICATIVES

ÉTATS DE 1468

ARCHIVES DE TOURS

(Reg. des délibérations.)

COMMUNICATION DES LETTRES DU ROI ANNONÇANT LA CONVOCATION DES ÉTATS GÉNÉRAUX.

Le samedi, v^e jour de Mars l'an mil III^c LXVII, en la présence du Maire, furent assemblez en l'ostel de la ville :

Maistre Jehan Brecte, chanoine et représentant pour chappitre de Tours ;

Maistre Martin Chabot, maistre escolle, et Macé Hubaille, chanoine, représentant pour chappitre de Saint-Martin ;

Maistres Pierre Sohier, juge de Touraine, René Dreux, lieutenant particulier ; Jehan de Argouges, advocat (*et vingt-cinq autres nommés*);

Pour délibérer sur les lettres du roy closes de son scel de secrect presentées en ladite assemblée par Jehan Milles, chevaucheur de l'escuerie du roy, leues en ladite assemblée, par lesquelles il mande aux gens d'église, manans et habitans de ladite ville qu'ilz eslisent trois d'entre eulx, ung d'église et deux laiz, pour envoyer ou estre au premier jour d'Avril aux trois estatz qu'il a ordonné estre tenuz en cestedite ville ledit premier jour d'Avril prochain venant, aians puissance de assister, oïr et conclure en la matière.

A esté deliberé que demain à une heure apres midi sera assemblée générale pour eslire les trois personnes pour assister ausdits trois estatz.

PROCÈS-VERBAL D'ÉLECTION.

Le vr° jour de Mars l'an mil IIII° LXVII, en l'ostel de la ville furent assemblez en la présence du Maire :

Maistre Nicolle de Argouges, vicaire et représentant pour monseigneur l'archevesque de Tours ;

Maistre Jehan Brecte, chanoine et représentant pour chappitre de Tours ;

Maistres Jehan Eschart et Loys le Roy, chanoine et représentant pour chappitre de Saint-Martin ;

Frère Philippe Prevost, ausmônier de Saint-Julien, représentant pour les religieux, l'abbé et convent de Saint-Julien ;

Maistres Jehan de Argouges, advocat, et Guy Farineau, procureur du roy en Touraine, Jehan Ruzé (*et cinquante-huit autres nommés*);

Pour nommer et eslire trois personnes, l'un d'église et deux laiz, pour estre et assister le premier jour d'Avril prochain venant aux trois estatz ordonnez par le roy estre tenuz en ceste ville et leur donner povoir de oïr ce qui leur sera dit et remonstré de par le roy, y besoigner, vacquer, entendre et conclure comme les autres assistans ausdits trois estatz.

Par lesquelz assistans ont esté esleuz et nommez M° Martin Chabot, maistre escolle et chanoine de Saint-Martin, pour l'omme de l'église, et Jehan Ruzé, et M° François Bernard pour les deux laiz. Ausquelz les dessusdits ont donné le povoir dessusdit, qui leur a esté baillé soubz les seaulx de la ville, pour eulx présenter pour ladite ville.

Item les dessusdits ont constitué leur procureur M° Fouques Dumolin et autres, ausquelz ilz ont donné povoir de plaider.

ARCHIVES DE SENLIS

(Reg. des délibérations.)

PROCÈS-VERBAL D'ÉLECTION.

Assemblée faite en l'hôtel de la ville de Senlis au son de la cloche et cri public le dimanche XIII mars MCCCLXVII pour élire deux personnes idoines et suffisantes pour aller à Tours au mandement du roy.

Présens : Polet Canterel, Jacques Roussel, Jehan le Charon, et Raoulquin Grileu, atournés. — Jehan Mannessier, procureur ; Jehan Dupont, clerc, etc. (*en tout cent dix noms*).

En laquelle assemblée a été conclu que M* Hugues Boileaux, licencié, et Adam Barthélemy yront ; et y ont été élus ; et pour ce qu'il convenoit bailler puissance ausdits élus de conclure, elle leur a été donnée.

COMPTE RENDU DE CE QUI S'EST PASSÉ AUX ÉTATS GÉNÉRAUX.

Assemblée faite en l'hôtel de la ville de Senlis au son de la cloche par le mandement de nosseigneurs les gouverneurs et atournés pour ouïr le rapport de honorables hommes et sages, M* Hugues Boileaux, licencié en lois, lieutenant général de M. le bailli de Senlis, et Adam Barthélemi, procureur du roi audit bailliage, envoyés par assemblée ci-devant, en la ville de Tours, ainsi que devant est dit et deliberé ; en laquelle assemblée étaient les personnes qui suivent, le XXI Avril MCCCCLXVIII. (*Suivent les noms.*)

Par lesquels M* Hugues et Adam Barthélemy a été remontré bien au long la matière [1] qui a été faite auxdits trois états, les causes pourquoi l'assemblée a été faite, les conclusions qui ont été prises et par qui et comment, qui serait longue chose à réciter ; et par ce, n'en a été ici rien mis, exceptés les mémoires qui ont été baillés et laissés à M. le chancelier, ainsi qu'il a été ordonné, desquels memoires baillés par les dessusdits la teneur s'ensuit après la conclusion qui a été faite par lesdits trois États.

Sur les matières proposées de par le roi par la bouche de M. le chancelier en la présence de très-haut et très-puissant prince le roi de Jérusalem et de Sicile, duc d'Anjou, de très-révérend père en Dieu, M. le cardinal, de mes très-redoutés seigneurs messeigneurs du Sang, de très-révérends et révérends pères en Dieu messeigneurs les patriarches, archevêques, évêques et autres prélats et gens d'église, de messeigneurs les nobles et gens des cités et bonnes villes, faisant et représentant les trois états de ce royaume ; et esquelles choses le roi a demandé à mesdits seigneurs leur avis et conseil après que lesdites matières ont été bien au long débattues ;

Premièrement, en tant qu'il touche le premier point principal de la proposition, c'est à savoir que le roi, pour le grand amour, affection et fiance qu'il a (à) nosdits seigneurs dessus nommés, il les

1. Manière ?

a bien désirés voir ensemble, et à cette cause les a fait convoquer; et lui a été grand plaisir et grande consolation de voir si grande et si notable assemblée, et que comme à ceux en qui il a entière et singulière confiance et qui ont si loyaument servi le roi son père et lui et la couronne, que chacun sait, et dont il se répute bien tenu à eux, il avoit délibéré de leur communiquer ses grandes affaires et ceux de son royaume pour avoir sur ce leur bon avis et conseil; il a semblé à tous mesdits seigneurs des états et sont demeurés en une opinion conforme et unique, les choses bien oyes, débattues et entendues et toutes les grandes et notables raisons qui ont été dites, récitées et alléguées, qu'ils doivent remercier le roi très-humblement de ce qu'il lui a plu les convoquer et assembler ainsy, et pour les causes que dessus, et de l'amour, affection, fiance et bienveillance que a montré envers eux, et que de leur part ils sont disposés, conclus et délibérés de le servir et obéir envers tous et contre tous, sans nul excepter, et l'y employer leur corps, leurs biens et tout ce qu'ils ont, sans rien n'y épargner jusqu'à la mort inclusivement, et lui supplient qu'il les veuille toujours avoir et tenir en sa bonne grâce et recommandation comme ses bons et loyaux parents, serviteurs et sujets, lesquels ils sont toujours, veulent être et demeurer.

ARCHIVES DE LYON

(Actes consulaires BB. 45..)

ASSEMBLÉES PRÉPARATOIRES.

Le dimanche XIIIe jour de Mars l'an mil III^c LXVII, en l'hostel de la ville de Lion, auquel hostel, de matin, estoient assemblez :

Maistre Pierre Fornier, licencié en loys, Henry de Syvrien, Jehan de Villars, Glaude Guerrier, Pierre Brunier, Jehan de Bruyères, Jaques Torvéan, Jehan Rossellet, Estienne Godin, conseillers ;

Messires Jehan Grant, lieutenant; Pierre Balarin, juge; Laurens Patuin, Guillaume Bulliod, docteurs en loys ; noble Jehan de Villenove , corrier (*et vingt autres nommés*), et plusieurs autres, tant notables que maistres des mestiers de ladite ville.

Après ce que certaines lettres closes du roy, nostre sire, adresséez à messieurs de l'église, les bourgoys aussi et habitans de ladite ville, touchant l'assemblée des trois estaz du royaume, mandez en la ville de Tours au premier jour d'Avril prouchain venant, desquelles la copie est dessus contenue, ont esté leuez et publiéez en la présence des dessus assemblez, deliberé et conclud a esté, d'une voix et commun consentement que l'on doit faire et accomplir le bon plaisir et mandement du roy et envoyer esdits estaz, audit jour, tout ainsi que ledit seigneur le veut et mande par sesdites lettres closes; et pour mieulx adviser et conclure sur ledit allée et choisir les personnages propices à ce, ont arresté que ung chacun desdits assemblez y pense et advise de son cousté et baille par escript ou nomme de bouche ou procureur de ladite ville les personnages qui leur sembleront estre propices et convenables, selon leurs advis et consciences, pour envoyer esdits troys Estaz. Et pour accorder lesdites nominations et conclure plus à plain en la matière, ont arresté les dessus nommez conseillers estre et soy assembler audit Hostel de ladite ville avec certain nombre desdits notables et autres qui sur ce seront mandez demain après dyner.

En marge est écrit : Assemblée pour mander aux trois estatz.

Le lundi XIIIIe jour dudit moys de Mars, l'an que derrier, heure de vespres, audit Hostel.

Furent mandez et assemblez pour la matière que derrier, c'est assavoir : Pierre Fornier, licencié en loys, Henry de Syvrien, Jehan de Villars, Pierre Brunier, Glaude Guerrier, Jacques Torvéan, Jehan de Bruyères, Jehan Rossellet, Estienne Godin, conseillers ; messire Jehan Grant, Pierre Balarin, Laurens Paterin, Guillaume Bulliod, docteurs; Ennemand Payen, licencié en loys, noble Jehan de Villenove, corrier, Pierre Thomassin, Pierre de Villars, Pierre Offrey, Michelet Du Lart, Guillaume Pel, Jehan Buatier, Hugonin Bellièvre et Glaude Rochefort, bourgeois et citoyens de ladite ville, les queulx, touchant le mandement du roy, nostre sire, d'envoyer aux troys estaz en la ville de Tours, au premier jour d'Avril prouchain venant, ont esté tous d'une voix et commune opinion que, veuez les lettres closes dudit seigneur touchant ladite matière, l'on doit envoyer à l'assemblée desdits troys estaz troys personnages des plus notables de ladite ville et agréables audit seigneur, c'est assavoir : ung clerc, ung bourgoys et ung marchant; et pour oster tous scrupules et plus justement, sans craincte de nulle faire l'élection et nominacion desdits troys personnages, ung chacun desdits assemblez a baillé es mains du procureur de ladite ville sa cédule et brevet de son élection et nominacion desdits troys personnages.

Et après le bail desdites cédules et brevetz et l'issue desdits assemblez dudit conseil, les dessus nommez conseillers, veues et publiées lesdites cédules et nominacions d'iceulx assemblez touchant la matière dessusdite, et pour venir à concordance desdites nominacions et conclure en la matière, ont oppiné premièrement, touchant le personnage de l'estat du clergé, c'est assavoir : lesdits Pierre Brunier, Henry de Syvrien, Jehan de Villars et Jaques Torvéan que, veues et entendues les oppinions et cédules desdits assemblez et pour les causes et raisons par iceulx Brunier, de Syvrien, de Villars et Torvéan allégueez, l'on doit envoyer et tramectre oudit voyage le dessus nommé messire Jehan Grant, s'il en veut prendre charge. Et les dessus nommés Pierre Fornier, Glaude Guerrier, Jehan de Bruyères, Jehan Rossellet et Estienne Godin, d'oppinion, pour les causes et raisons par eux dictes, que l'on y devait tramectre ledit messire Pierre Balarin, s'il en vouloit prendre charge; sinon estoit d'oppinion ledit de Bruyères d'y envoyer ledit Jehan Palmier ou ledit maistre Ennemand Payen. Et pour sur ce conclure et accorder et eslire les autres deux personnages, ont arresté estre demain, de matin, audit Hostel, etc.

———

Le mercredi XVIe jour dudit moys de Mars, l'an que dessus, mil IIII^c XLVII, en l'Hostel de ladite ville, heure de vespres.

Maistre Pierre Fornier, licencié en loys, Henri de Syvrien, Jehan de Villars, Glaude Guerrier, Pierre Brunier, Jacques Torvéan, Jehan de Bruyères, Jehan Rossellet et Estienne Godin, conseillers.

Après plusieurs advis, considéracions et résolucions sur ce, finablement ont conclud et arresté iceulx conseillers, absoluement, de envoyer et mander à l'assemblée des troys estatz de ce royaume en la ville de Tours, au premier d'Avril prouchain venant, ainsi que le roy l'a mandé par ses lettres closes, c'est assavoir pour l'estat du clergé, messire Jehan Grant, docteur en loys; pour l'estat des bourgoys, noble Jehan de Villenove, et pour l'estat des marchans, Michelet Du Lart, citoyen de ladite ville, lesqueulx se sont déclairez en prendre charge, aux gaiges et salaires, c'est assavoir : ledit messire Jehan Grant, de II escus pour jour, et ung chacun desdits de Villenove et Du Lart, de XV solz tournois pour jour.

Le dimanche xxᵉ de Mars mil iiiᵉ lxvii, en l'Hostel de ladite ville.

Maistres Pierre Fornier, licencié en loys, Henry de Syvrien, etc., conseillers, etc.

Ont mandé et fait venir à eulx audit Hostel, c'est assavoir : messire Jehan Grant, docteur en loys, Jehan de Villenove, bourgoys, et Michelet Du Lart, marchant, citoyens de ladite ville, esleuz et ordonnez pour aller devers le roy, à l'assemblée des troys estaz, pour ladite ville, lesqueulx ont accepté leurdite éleccion et on prins charge de faire ledit vouaige, aux gaiges et salaires à eulx sur ce tauxez et ordonnez ; et ont assuré qu'ilz ne prendront autre charge particulière et ne feront, ne procureront audit vouaige chose qui soit, ne tourne ou dommage, charge ou foule de ladite ville. Et, ce fait, les dessus nommez conseillers ont fait bailler et délivrer loyaulment à ung chacun desdits troys esleuz, sus et en déduction de leursdits gaiges, par Maturin Beuget, trésorier de ladite ville, des deniers de sa recepte et mesmement sus la somme de iiᶜ escuz d'or, emprumptée de maistre Symon de Pavye, médicin, pour ceste cause, la somme de l livres tournois, qui sont pour lesdits troys esleuz cl livres tournois, laquelle somme de cl livres tournois ont ordonné estre allouée au dit Beuget, trésorier, en ses comptes.

Notandum est que lesdits embaisseurs partirent pour aller esdits Estatz, le mardi xxiiᵉ de Mars, après dyner.

Et retournèrent c'est assavoir : lesdits messire Jehan Grant et Michelet Du Lart, le jeudi xxviiiᵉ d'Avril, et ledit de Villenove, le mardi feste Sainte-Croix, iiiᵉ de May.

Le vendredi pénultième d'Avril, ledit an mil iiiᶜ lxviii, en l'Hostel de ville.

Maistre Pierre Fornier, licencié en loys, Henry de Syvrien, Jehan de Villars, etc., conseillers, etc.

Ledit jour, messire Jehan Grant, docteur en loys, lieutenant de monsieur le bailli, et Michelet Du Lart, venuz aujourd'hier de vers le roy et de l'assemblée des troys Estatz, ont fait leur rapport et relacion de ce qui avoit esté dit et proposé de par le roy, et aussi conclud et arresté en ladite assemblée ; et comme, par le commandement du roy, nostre sire, monsieur le doyen et monsieur le corrier ordonnez pour aller en ladite ambaxade estoient demourez pour aucunes choses desquelles ledit seigneur avoit à parler à eulx.

ARCHIVES D'ORLÉANS

(Compte de forteresse de 1467 à 1469.)

DÉPENSES A L'OCCASION DES ÉTATS

A Pierre Logan... pour la despense de bouche faicte au voyage desdits trois estaz par messieurs : messire Mathieu Targny, docteur...., commis par les gens d'église et clergie de ladicte ville, maistre Jehan le Prestre, chancelier de feu Monseigneur d'Orléans..., Jaques des Contes... et ledit Pierre Logan..., esleuz par les bourgeois et habitans de la ville d'Orléans es halles dudit lieu pour aller et assister esdictz trois estatz...., cxv livres x solz parisis. »

Suivent plusieurs frais alloués au chancelier du duc d'Orléans, à Mathieu Targny, à Jaques des Contes, à Pierre Logan, à un cuisinier et à un clerc de la ville. Puis on reprend :

Audit Pierre Logan pour le vin par lui donné aux fourriers du roy affin qu'ils délivrassent logeis aux dessus nommez commis et depputez de par ladicte ville en ladicte assemblée des trois estaz.

ÉTATS DE 1484[1]

ARCHIVES DE BAYONNE

(BB. p. 1, p. 300 et 300 bis.)

COPIE DES LETTRES ENVOYÉES PAR MONSEIGNEUR LE COMTE DE COMINGE A LA CITÉ, ET DESQUELLES LA TENEUR S'ENSUIT SI APRÈS :

Messieurs, je me recommande à vous; je croy que par deça ayez receu lettres du roy adreçans aux gens des troys estats de la senneschaucye des Lannes à ce qu'ils envoyent troys personnages de la senneschaucye, c'est assavoir ung home d'église, ung notable et

---

1. Nous avons dû renoncer à imprimer ici le plumitif informe dont nous nous sommes servi pour traiter des élections de la ville de Tours. Les mots illisibles, les phrases inachevées et peu compréhensible empêchent de publier ce document d'une manière supportable.

ung home de ville à l'assemblée des troys estats du royaulme que ledit seigneur a ordonnez estre tenuz en la ville d'Orléans au premier jour de janvier prouchain venant. Et pour ce si jà vous ne vous estes assemblez tous ensemble pour adviser quels personnages vous y envoyerez, me semble que le devez faire en diligence et que, s'il vous est advis que le nombre de trois personnes soit trop petit, que yen pouvez plus largement envoyer; et aussi me semble que devez bien adviser à tous les faiz et affaires du pays pour là en faire la remonstrance, ainsi que plus à plain j'ay chargé à monsieur de Campenne vous dire. Et en ce que je pourray pour le bien de tout le pays, vous povez estre certain que je y feray autant et plus que si estoit mon cas propre et particulier, priant Dieu, messieurs, qui vous ait en sa garde.

Escrit de Neantes (*sic*) le x⁰ jour de Novembre.

Le comte de Cominge, sieur de Lescun,
Votre
Odet d'Aydie.

Au bas est écrit : A messieurs les lieutenant, eschevins et conseil de la cité de Bayonne :

S'ENSUIT LA TENEUR DES LETTRES ENVOYÉES A LA CITÉ PAR MONSIEUR LE LIEUTENANT DE MONSEIGNEUR LE SENNESCHAL DES LANNES, COMMISSAIRE EN CESTE PARTIE.

Messieurs, tant que pouvons, à vous nous recommandons. Presentement avons receu les lettres patentes du roy nostre sire, par lesquelles nous est mandé incontinant faire assembler les estats de ladite senneschaucye; semblablement avons receu certaines autres lettres missoires dudit seigneur qu'il envoye à messieurs desdits estatz; parquoy vous mandons de par ledit seigneur que vous trouvez jeudy prochain en la presente ville et cité d'Ax pour recevoir lesdites lettres missoires et aussi accomplir le bon vouloir dudit seigneur ainsi qu'il est contenu esdites lettres patentes. Et avisez que en ce n'ait faulte, priant Dieu, messieurs, qui vous doint bonne vie et longue.

Escript à Dax le xx⁰ jour de Novembre l'an mil iiii⁰ iiii²⁰ et troys.

Le tout votre, le lieutenant de monseigneur
le senneschal des Lannes, commissaire
en ceste partie.

Au bas est écrit : A messieurs le maire et eschevins de Bayonne.

ARCHIVES DE SENLIS

(Reg. des délibérations.)

NOMINATION DE DÉPUTÉS A L'ASSEMBLÉE DES TROIS ÉTATS DU BAILLIAGE

Assemblée faite en l'hôtel de la ville de Senlis, au commandement de M° Hugues Boilleaux, licencié en lois, lieutenant général de monseigneur le bailly de Senlis, Jehan Sanguin, Jehan le Coy, Pierre Hémet et Jehan Prudhomme, gouverneurs, le samedi xxix° jour du mois de Novembre mil cccc iiii^xx iii, où étaient présentes les personnes ci après nommées. (*Suivent les noms.*)

Par la bouche dudit M° Hugues a été remontré que par vertu des lettres patentes du roi notre seigneur, adressant à monseigneur le bailli de Senlis pour assembler les trois états dudit bailliage audit Senlis pour élire trois personnes pour aller aux trois états ordonnés être tenus par lesdites à Orléans [1], le premier jour de Janvier prochain, un de l'Église, un noble et un de l'état commun, il avait envoyé partout ledit bailliage pour assembler lesdits trois états dudit baillage audit Senlis le premier jour de Décembre prochain. Pourquoi est besoin élire gens notables pour envoyer auxdits trois états audit Senlis. Lesquels dessus nommés ont élu, avec les gouverneurs, Louis Leclerc, procureur, Sicart Sanguin, Guy Thibault Despencier, M° Guillaume le Fuzelier, Girard Nicollas, Geffroy de Bonveller, Regnault Dolle, Jehan Truffet, Jacques Dufresnoy. Nicolas Picquet, auxquels est donné pouvoir de comparoir à l'assemblée des trois états du bailliage, et de élire un homme de l'état commun pour aller auxdits trois états ordonnés être tenus à Orléans, avec lesdits gens d'église et nobles, faire les remontrances, et de bailler articles pour ledit pays; tout ainsi que le roi notre seigneur le mande être fait par lesdites lettres tant patentes que missives.

JEHAN SANGUIN, ADJOINT AU DÉPUTÉ GUILLAUME LE FUZELIER, PRÉSENT A SENLIS EN JANVIER 1484.

Assemblée faite le xxix° jour de janvier miiii° iiii^xx iii, en l'hôtel de la ville de Senlis, au commandement de honorables hommes Jehan Sanguin, Jehan le Roi, Pierre Hemet et Jehan Prudhomme, gouverneurs de ladite ville, où étaient présentes les personnes qui suivent. (*Suivent les noms.*)

---

1. Le mot *Tours* est biffé sur le registre.

En laquelle assemblée, par la bouche de Jehan Sanguin, l'un des gouverneurs, qui, ensuivant la charge qui baillée avoit été à M⁰ Guillaume le Fuzelier, licencié en lois, élu pour les villes et pays, du baillage dudit Senlis pour le tiers et commun état dudit pays à aller aux trois états ordonnés être tenus par le roi notre sire à Orléans et qui depuis ont été ordonnés être tenus en la ville de Tours, où ils se tiennent à présent, et aussi audit Jehan Sanguin prins par ledit M⁰ Guillaume à aller avec lui auxdits trois états, de poursuivre et obtenir pour ladite ville de Senlis devers ledit seigneur la marchandise du grenier à sel, etc.

ASSEMBLÉE POUR LE RETOUR DU DÉPUTÉ GUILLAUME LE FUZELIER.

Assemblée le dimanche XXI Mars mil cccc IIIˣˣ III : présens Jehan le Coy, Jehan Prudhomme et Pierre Hernot, gouverneurs. (*Suivent tous les noms.*)

En ladite assemblée, par la bouche de M⁰ Guillaume le Fuzelier, a été remontré, comment il avait été élu par les villes du baillage dudit Senlis assemblées en grand nombre en cette ville de Senlis par M. le bailli dudit Senlis ou son lieutenant général, par vertu et en ensuivant le contenu des lettres patentes adressans de par le roi audit M. le bailli pour aller comparoir aux trois états ordonnés être tenus selon le contenu desdites lettres patentes, en ensuivant laquelle élection il a été et comparu auxdits trois états qui se sont tenus en la ville de Tours, nonobstant qu'il eut mandé par sesdites lettres les tenir en la ville d'Orléans, esquels trois états audit Tours est comparu ledit seigneur, accompagné des seigneurs de son sang en grand nombre et noblesse ; et a récité la proposition que ledit seigneur a fait proposer par Monsieur son chancelier auxdits trois états pour le profit du royaume et le bon vouloir qu'il a à soullager son peuple dorénavant tant en justice, soulagement de tailles, diminution de gens de guerre comme autrement ; qui seraient longues à réciter.

Item, il a remontré comment il a vacqué longtemps auxdits trois états par l'espace de trois mois ou environ en quoi faisant il a fraié de grands deniers.

Item, que en ensuivant ce qui lui avoit été chargé de obtenir pour ladite ville et le profit d'icelle aucun aide sur le sel, il a obtenu XVI livres Par. sur chaque minot de sel qui sera vendu au grenier à sel dudit Senlis dorénavant.

Item, le quatrième du vin vendu à détail audit Senlis au huitième.

Item, que desdits octrois il a levé lettres patentes dudit seigneur des choses dessus dites qu'il a fait vérifier et expédier par Messieurs les généraux dont il a emprunté grands deniers qu'il convient rendre.

Item, il a présenté unes lettres missives écrites aux habitants de Senlis, Beauvais et Clermont par M. le bailli de Senlis contenant ce qui suit :

« Très chers et spéciaux amés. Je me recommande à vous. Maistre Guillaume le Fuzelier que avez envoyé pour les trois états du baillage de Senlis s'en retourne par delà ; et eusse bien voulu que messieurs les gens d'église et nobles se y fussent trouvés comme lui pour l'honneur et profit dudit baillage. Vous aurez regard à son voyage et vacation, car je vous assure qu'il a fort servi et fait le profit en tout ce qu'il a pu pour ledit baillage. Et à Dieu qui vous ait en sa sainte garde. — Ecrit à Tours de ce lundi matin, xve jour de Mars. *Et audessous écrit :* Le tout vôtre, Marigny, — *et audessus en la suscription :* — A mes très chers et spéciaux amés, les bourgeois, manans et habitants des villes de Senlis, Beauvais, Compiègne et Clermont. »

Item, a supplié et requis sondit salaire, peines et vacation lui être tauxé, et que les deniers empruntés soient rendus ; à quoi a été répondu que l'on y procédera et fera tant qu'il soit contant

Item, il a apporté le double en papier du cahier des remontrances qui ont été faites auxdits trois états qu'il dit avoir payé ; qu'il a retenu devers lui.

Item, et l'aide de deniers que lesdits trois états ont donnés au roi pour son entretenement et du royaume ; qu'il a par devers lui.

ARCHIVES DE LYON

(Actes consulaires, vol. BB. 47.)

COMMUNICATION AUX NOTABLES DES LETTRES DE CONVOCATION ET D'UN PROJET DE CAHIER DE DOLÉANCES QUI EST APPROUVÉ PAR LESDITS NOTABLES.

Le vendredi xxviiie jour du mois de Novembre mil cccc iiii^{xx} iii, en l'Hostel commun, après disner.

Furent mandez par le mandeur du consulat les conseillers et

notables de ladite ville, desquelz sont comparuz Messire Pierre Greysien et Clément Mulat, docteurs en loys, Jehan Rossellet, Estienne Laurencin, Jehan Le Maistre, Humbert Taillemand, Barthélemy de Villars et Claude Guerrier, conseillers, et desdits notables vénérables et honnestes personnes, messires Guillaume Bulliaud, juge ordinaire, François Buclet, juge des châteaulx pour monseigneur le cardinal-arcevesque, comte de Lion, maistre Estienne Coilanges, licencié en loys, Michelet Du Lart, Guillaume Baronnat, Estienne Garnier, Loys Fézé, Jehan Buyatier, Anthoine Catherin, François Torvéan, Amé Veysic, Jehan Rochefort, Glaude Audry, Denis Dallières le filz, Guiot Vachard, Barthélemy Bellièvre, Anthoine Basto, Jehan Garbat, Jehan de Bourges et Guillaume d'Arras, tous citoyens et conseillers de ladite ville. Et, après ce que, par lesdits conseillers et par la voix dudit messire Mulat, leur a esté récitée la cause de ladite assemblée, c'est assavoir, qu'ilz n'avaient pas ignorance comme le roy, nostre sire, avait naguères envoyé ses lettres patentes à monsieur le séneschal de Lion; desquelles la teneur s'ensuyt :

« Charles, par la grâce de Dieu, roy de France . . . .

(*Le texte de ces lettres patentes est resté en blanc dans le registre.*)

Au moyen et par vertu desquelles monsieur le lieutenant de mon dit sieur le séneschal avoit fait mander les gens d'esglise, nobles et de l'estat commun du baillage et sénéchaussée dudit Lion à estre et comparoir le dernier jour de ce moys en ceste dite ville pour faire et accomplir le bon plaisir et vouloir dudit seigneur, contenu en sesdites lettres patentes cy devant transcriptes. Et pour ce que l'assemblée des trois estatz de ce royaume se faisait pour mectre et donner ordre et provision es affaires dudit royaume, ou bien, prouffit et utilité de la chose publique d'icelluy, et que, par lesdites lettres patentes, le roy mandoit que ceux qui seront envoyés par delà soient informez des affaires des ville et pays desdits bailliage et sénéchaussée, lesdits conseillers, à ceste cause, avoient fait mander iceulx notables, afin de les prier et exhorter que chacun, en son endroit, pensast et advisast en ce pour faire une somme des advis et iceulx rédiger par escript pour les bailler à ceulx qui seront envoyez par delà pour le bien, prouffit et utilité desdits ville et pays. Et néanmoins desjà en avoient fait coucher par escript aucuns, desquelz leur serait faicte lecture, afin que, sur ce et autres choses, ilz puissent mieux penser et adviser. Laquelle lecture faicte, tous lesdits notables ont dit que tous lesdits advis estoient bons, utiles et proufitables pour lesdits ville et pays, et qu'ilz penseroient voulentiers sur ce et autres choses dont ilz s'adviseroient, puis le diroient au procureur général de ladite ville pour le tout mectre par escript, afin de prendre le meilleur pour le bailler à ceulx qui pour ce seroient envoyez par delà.

ASSISTANCE DU CORPS MUNICIPAL A L'ASSEMBLÉE DES TROIS ÉTATS DU BAILLIAGE DE LYON.

Le dimanche derrenier jour du mois de Novembre mil cccc IIII^{xx} III, en l'Hostel commun, de matin.

. . . .

Item, ont *(les conseillers de ville)* arresté que, après disner, ilz se rendront à Saint-Jehan pour comparoir es trois estaz des baillage et sénéchaussée de Lion, esquelz ilz ont esté mandez. Et ont chargé Jehan Archimbaud mander avec eulx ung nombre de notables pour semblablement assister et comparoir esdits estatz.

NOMINATION DE DEUX DÉLÉGUÉS POUR ACCOMPAGNER LE DÉPUTÉ JEHAN PALMIER.

Le dimanche septiesme jour du mois de Décembre mil cccc IIII^{xx} III en l'Hostel commun, de matin.

. . . .

Pour ce que vénérable homme et saige messire Jehan Palmier, docteur en loys, juge mage de Lion, a esté esleu procureur pour l'estat commun de ceste ville, es troys estatz de ce royaume, et que en iceulx estatz ladite ville pourra avoir envieulx touchant les foyres, ont advisé qu'il est nécessaire y envoyer avec ledit messire Palmier le procureur général de ladite ville (*Antoine Dupont*), qui est instruit des affaires d'icelle, et ung autre marchant bien entendu, pour débattre ce que mestier sera et soulaiger icellui messire Palmier en ce qui est nécessaire. Pour lequel marchant eslire ont arresté eulx trouver le plustost qu'ilz pourront audit Hostel, et là, entre eulx, esliront et nommeront ledit personnage; après laquelle élection ilz manderont quatre notables deçà et aultant delà la dite ville pour leur communiquer la dite élection et sur ce en avoir leur advis, afin de obvier à toutes murmurations. Et ont nommé pour lesdits quatre notables deçà : messire François Buclet, docteur en loys, Pierre de Villars, Jehan Buyatier et François Torvéan ; Item pour les quatre delà : messire Guillaume Bulliod, aussi docteur, Michelet Du Lart, Guillaume Baronnat et Jehan Baronnat.

Le vendredi xixᵉ jour de décembre mil cccc iiiɪxx iii, en l'Hostel commun, de matin.

(Présens, les conseillers de ville, et les notables designés ci-dessus.)

Lesquelz, après récitation à eulx faite sur et touchant l'élection, par lesdits conseillers, de Barthélemy de Villars, l'un d'entre eulx, pour aller avec monsieur messire Jehan Palmier, à présent président de Grenoble, ensemble le procureur général de ladite ville, afin de soulaiger et aider à mon dit sieur le président, touchant ce que ladite ville pourroit avoir à besoigner de par delà ; et comme ilz avoient advisé qu'ilz feroient mander, après ladite élection quatre notables deçà et aultant delà pour leur signifier ladite élection, afin de obvier à toutes murmuracions qu'on pourroit faire en ceste partie, ont opiné tous lesdits notables, excepté ledit Baronnat[1], que lesdits conseillers avoient bien advisé et bien esleu, et que leurdite élection avoit esté et estoit bonne et bien faicte et à icelle s'accordèrent. Et ledit Baronnat a dit que, attendu que la ville est endebtée de grans sommes de deniers et afin de non faire si grans frais et despens, luy semble qu'il y auroit assez de mon dit sieur le président, et au cas que l'on y mectroit autres avec luy, qu'on doit mander plus grant nombre de gens.

Après l'issue desquelz notables, lesdits conseillers en ensuyvant leurdite élection, aussi l'advis de la plupart desdits notables, ont arresté envoyer avec mon dit sieur le président lesdits Barthélemy de Villars et procureur *(celui-ci s'appelait Antoine Dupont)*, pour faire ce que dit est. Et pour ce que ledit de Villars y vouloit aller pour aucuns ses affaires, que l'on doit parler à luy pour le faire contenter de quelque gracieuse somme, en ayant regart à ce qu'il y va pour autre chose.

---

1. **Guillaume.** — Le nombre de ces notables avait été réduit à six, ainsi nommés : Pierre de Villars, Michelet Du Lart, Jehan Buyatier, Guillaume Baronnat, Jehan du Peyrat et François Torvéan. (*Note communiquée par M. Rolle.*)

Le samedi xx° jour de Décembre mil cccc iiii^{xx} iii, en l'Hostel commun, de matin.

Ont (*les conseillers de ville*) mandé et fait venir Barthélemy de Villars, l'un d'entre eulx, et esleu pour aller, luy et le procureur de ladite ville, avecques monsieur messire Jehan Palmier, comme cy devant est escript, avecques lequel, après ce qu'il a eu accepté ladite charge, ont accordé à LX livres tournois, lesquelles luy seront baillées à son partement, moyennant lesquelles il demourera par delà, aultant que mon dit sieur le président sera, pour les affaires de ladite ville, et aidera à icelluy monsieur le président, touchant lesdites affaires, de tout ce qui luy sera possible. Et après, pour ce qu'il a dit que, par adventure, il pourroit longuement demourer par delà pour lesdites affaires de ladite ville, et, en ce, pourroit avoir perte et dommaige, luy ont dit que, à son retour, en ce cas, ilz y auroient tel regart que raison vouldroit.

DON DE 150 LIV. AU DOYEN DE L'ÉGLISE DE LYON, AFIN QU'IL AIT LA VILLE POUR RECOMMANDÉE.

Le samedi iiie jour de Janvier mil cccc iiii^{xx} iii, en l'Hostel commun, etc.

. . . .

Pour ce que après élection des personnages des troys estatz de ceste séneschaussée pour aller devers le roy comparoir es estatz généraulx de ce royaume, fut advisé entre lesdits conseillers, par l'advis d'aucuns notables de ladite ville et ceulx du pays du Lyonnois, qu'il seroit expédient faire gratuité à monsieur le doyen de Lion, esleu et nommé pour l'estat de l'esglise pour aller devers le roy, nostre dit sire, afin qu'il eust lesdits ville et pays, en leurs affaires, pour recommandez, lesquelz il pouvoit beaucoup servir, et que, tant pour ceste dite ville que ledit pays, luy seroit donné ung don de ccc livres tournois. Depuis lequel advis ceulx dudit pays se sont desjoings d'avecques ceulx de ladite ville et ont voulu tascher que mon dit sieur le doyen print chargement de certaines mémoires faictes pour ledit pays contre et au préjudice de ladite ville, ce qu'il n'a voulu faire ; aussi que mon dit sieur le doyen peut beaucoup servir ladite ville, tant envers le roy que mon dit seigneur le cardinal, touchant les différends estant entre eulx, ont deliberé et arresté que pour ce que mon dit sieur le doyen soit plus enclin à ladite ville et ait cause de mieulx servir icelle, il luy soit donné, pour la part de ladite ville, du don dessus dit, la somme de cl livres tournois, de laquelle somme ont passé mandement à Guillaume Deblet, trésorier, etc.

TABLE

Tours, Imp. J. Bouserez.

www.ingramcontent.com/pod-product-compliance
Ingram Content Group UK Ltd.
Pitfield, Milton Keynes, MK11 3LW, UK
UKHW021702130726
13696UKWH00004B/1623